学ぶ人は、
変えて
ゆく人だ。

目の前にある問題はもちろん、

人生の問いや、

社会の課題を自ら見つけ、

挑み続けるために、人は学ぶ。

「学び」で、

少しずつ世界は変えてゆける。

いつでも、どこでも、誰でも、

学ぶことができる世の中へ。

旺文社

関正生の

The Essentials
ジ・エッセンシャルズ

英文法
必修英文
100

旺文社

はじめに

　文法問題を出題しない大学が増える中，ついには単独の文法問題を出さない共通テストの登場により，「英文法に時間をかけたくない」「やるならどこまでやるのが効率的なの？」という悩み・不安を抱える高校生は急増しています。

　そんな状況で，数十年前から変わらない「4択問題を大量に収録・わずかな解説」の問題集を渡されても，当の高校生は問題を解けないだけでなく，そもそも解説の内容を理解できず，結局は丸暗記になりがちです。しかも定期テストの範囲になった場合は，正解番号を覚えていれば乗り切れてしまうという事態が発生します。そういった学習をすると，高校生本人が責められるのですが，それ以上どうしていいかわからず行き詰まっている高校生に，きちんとした解決策を提示するのが指導者側の役割だと思います。

　そんな高校生の事情と心情を考慮した上で，今の時代背景・入試傾向に完全フィットした，英文法学習の新たな選択肢を世に送り出そうと生まれたのがこの本です。最新の入試問題を徹底的に分析・検証して，長文読解・リスニング，ひいてはライティング・スピーキングの土台になる英文法の要点を凝縮した教材を目指しました。「英文法の威力」は，文法問題が解けたときだけではなく，長文を読んでいるときやリスニングのときにも実感できるものであるべきです。本書は，そういった "最新入試に対応できる英文法" を効率良く身につけるための本です。もちろん，この1冊で英文法のすべてが身につくなんてことはありません。しかし本書を使えば，大量の問題を前に途方に暮れる高校生，「覚えましょう」と連呼されながらなぜ文法に時間を割くのかわからなくなっている高校生，まじめに取り組んでいるのに英文法の恩恵を感じ取れない高校生が，「こうやればいいのか！」という指針を見つけ，最重要項目を「オイシーとこ取り」することができます。本書で英文法を駆使できるようになり，英語力を飛躍的に伸ばす土台をつくってください。

関 正生・桑原 雅弘

CONTENTS

CHAPTER 01
時制

CHAPTER 02
接続詞

CHAPTER 07
自動詞 vs. 他動詞 と SVOC ¹³³

CHAPTER 12
関係詞

編集協力：株式会社シー・レップス
校正：大河恭子，渡邉聖子，Jason A. Chau
組版：日之出印刷株式会社
録音：ユニバ合同会社
ナレーション：Ann Slater, Greg Dale
装幀・本文デザイン：相馬敬徳（Rafters）
装幀写真：曳野若菜
編集担当：高杉健太郎

本書の特長と使い方

本書の特長

英文法の超重要項目を凝縮

　「4択問題だけに必要な英文法」を排除して，英文法をしっかり理解して長文やリスニングなどにつなげるための「100個の武器」を取り上げます。「4択問題を100題解く」という発想ではなく，「英文法で最重要な "100の視点" を身につける」という発想が本書の根底にあります。

最高品質のオリジナル英文

　よくある「英文法のための単調な例文（「テニスをする・窓を開ける・たくさん宿題がある」など）」では今の入試には通用しません。

　本書の例文は，質・レベル・話題の新しさなど「今の入試でそのまま出そう」という点を重視して，一切の無駄がない完全オリジナル英文を使っています。

圧倒的な解説力

　英文法の勉強で陥りがちな「丸暗記主義」を徹底的に排除して，英文法の仕組みを明快に解説していきます。また，入試では重視されないことに紙面を割くのではなく，大学受験に必要なレベルの線引きをしっかりと行います。すべては膨大な入試問題の研究・分析と，たくさんの高校生に教えてきた経験値から「今の学習者にとってのベスト」を提示していきます。

「新傾向の問題」にも完璧に対応

　本書の著者は2人ともTOEICテスト990点満点を取得して，実際に対策本も数多く出版しています。なぜTOEICの話が出るのかというと，共通テストに出る広告文・日程表などや，早稲田・慶應を筆頭に出題されるビジネス英語的な内容はTOEICテストに出るものと重なる部分が非常に多いからです。本書の著者2人はそういった（大学受験の世界ではまだ対策が場当たり的になっている）新しいタイプの出題に，もうすでに完璧なノウハウを持っています。その知識や経験を本書に詰め込みました。

使用時期，レベルなど

効果的な使用時期

(1) 英文法の学習中に：苦戦してうまく進まない，丸暗記ばかりになるとき
(2) 英文法に不安を感じた時期に：重要項目だけを効率よく習得したいとき
(3) 英文法の後に：長文演習や過去問演習で，英文法が弱点だと感じたとき

対象レベル・志望校別の目安

　本書は，共通テストレベルから，難関レベルの大学まで，幅広く対応しています。

● 受験生……共通テスト対策をしたい人・日東駒専志望者で，英文法に時間をかけられない，もしくは，英文法をやりきれなかった人／GMARCH・関関同立・一般国公立大志望者で，英文法の問題が出ないのであまり時間をかけたくない人，もしくは最重要項目だけを効率良くチェックしたい人

● 高校1・2年生……早稲田・慶應以上の志望者で，英文法の学習後に最重要項目を入試レベルの英文で確認したい人／志望校を問わず，普段の英文法の学習として，丸暗記ではない英語の教材を併用して使いたい人

本書の使い方

本冊

メインページ……各英文見開き完結です。次のページの手順で取り組んでみましょう。

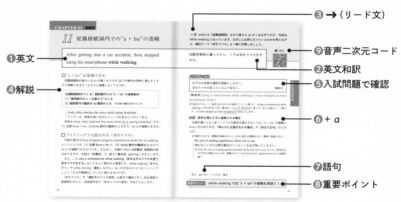

❶ 英文
❹ 解説
❸ →（リード文）
❷ 英文和訳
❾ 音声二次元コード
❺ 入試問題で確認
❻ ＋α
❼ 語句
❽ 重要ポイント

本書に取り組む手順（モデル例）

1. 英文と➡（リード文）を読む……見開きの右ページにある➡（❸）で示したリード文は，軽いヒントになります。自信がない人は英文（❶）の前に，自信がある人は英文の後に目を通してみてください。

2. 英文和訳を書く……英文は何回読んでも OK です。読んだ後に，辞書で確認したいところなど，時間を気にせずじっくり取り組んでください。その後に，和訳を書いてみましょう。志望校で和訳問題が出ない人もしっかり和訳を書きましょう。「日本語に変換する知的作業」が大事で，「自分がどう考えたか」を記録として残すことで，解説の理解度が上がります。書いたものと英文和訳（❷）を比べてみましょう。

3. 解説を読む…………解説（❹）をじっくりと読み進めましょう。＋α（❻）や語句（❼）などもあるので，理解を深めましょう。右ページの一番下に重要ポイント（❽）がありますので，その内容を強く意識してください。

4. 音読で仕上げる……仕上げ・復習として音読をしましょう。音声は右ページ上にある音声二次元コード（❾）を読み込めば再生することができます。別冊を利用するのもおすすめです。音読とその際の音声素材の活用方法は p.15 〜 16 を参照してください。

解説中の英文の記号

S … 主語	ｓｖｏｃ … 従属節の SVOC
V … 動詞	-ing … 動名詞，現在分詞
O … 目的語	*p.p.* … 過去分詞
C … 補語	
φ … 関係詞節内で目的語が欠ける場所（名詞が本来ある場所）	

ここも CHECK! …… 各 CHAPTER の終わりに，本編では取り上げられなかった重要事項や入試問題を載せています。しっかりと確認しておきましょう。

別冊

音読用英文 まとめ……本編に掲載されている 100 の英文とその訳をまとめた小冊子です。一度学習した内容がしっかり身についているかどうかまとめて確認しましょう。「音読の際に意識すること」を示していますので，参考にしてください。

重要ポイント まとめ……巻末には「重要ポイント」をまとめたものもついています。

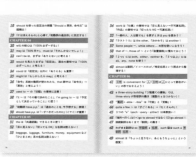

　別冊は持ち運びしやすいので，通学の電車やバスのスキマ時間などに使用するのにも便利です。

取り組むときの注意点

「暗記」「暗唱」は不要……「例文集」というと，「文を丸暗記しないといけない」と思われるかもしれませんが，本書の例文はコンセプトがまったく違うものであり，あくまで英文法を明快に解説して，その発想で英文を理解できるようになるための例文です。ですから，本書では「例文の暗記」を前提とはしません。そんなことをしなくても英語はできるようになるのです。例文は「読んで理解できれば OK」です。リスニング対策までしたい人は「音声を聞いて理解できるまで」を目指しましょう。ライティング対策までしたい人は「日本語訳を見て英文を書けるまで」を目指しましょう（日本語を見ながらなので，暗唱よりもはるかに負担が減ります）。

進めるペースの目安……高 1・高 2 や，じっくり進めたい受験生は「1 日 1〜2 項目」で 50 〜 100 日，受験生の通常モデルとしては「1 日 4 項目」で 1 カ月弱で完成させるのが 1 つの目安です。

音声の利用法

　本書では，英文の音声をパソコン・スマートフォン・タブレットを使って無料でご利用いただけます。音声の番号は 🔊 **001** のように二次元コードの上に表示しています。

パソコンで聞く方法

　音声ファイルをダウンロードして再生，またはウェブ上でストリーミング再生して聞くことができます。

❶インターネットで以下の専用サイトにアクセス

↓　https://service.obunsha.co.jp/tokuten/essebp/

❷以下のパスワードを入力

↓　パスワード：essebp（※すべて半角英字）

❸音声ファイルをダウンロードまたはウェブ上でストリーミング再生

注意
●ダウンロードについて：スマートフォンやタブレットでは音声をダウンロードできません。
●音声ファイルは MP3 形式です。ZIP 形式で圧縮されていますので，解凍（展開）して，MP3 を再生できるデジタルオーディオプレーヤーなどでご活用ください。解凍（展開）せずに利用されると，ご使用の機器やソフトウェアにファイルが認識されないことがあります。デジタルオーディオプレーヤーなどの機器への音声ファイルの転送方法は，各製品の取り扱い説明書などをご覧ください。●ご使用機器，音声再生ソフトなどに関する技術的なご質問は，ハードメーカーもしくはソフトメーカーにお問い合わせください。●音声を再生する際の通信料にご注意ください。
●本サービスは予告なく終了することがあります。

スマートフォン・タブレットで聞く方法（アプリ）

　音声を旺文社公式リスニングアプリ「英語の友」でも聞くことができます。
　https://eigonotomo.com/

❶「英語の友」で検索の上，公式サイトよりアプリをインストール

↓　（右の二次元コードから読み込めます）

❷アプリ内のライブラリより書籍を選び，「追加」ボタンをタップ

注意
●本アプリの機能の一部は有料ですが，本書の音声は無料でお聞きいただけます。●アプリの詳しいご利用方法は「英語の友」公式サイト，あるいはアプリ内のヘルプをご参照ください。
●本サービスは予告なく終了することがあります。

音読について

　本書の仕上げ・復習として，ぜひ英文の「音読」をしてください。まずは音声を聞いて，正しい発音・英文のリズムなどを確認するといいでしょう。

(1) 音読で意識すること

❶文法を意識して 10 回……各項目を終えるたび，もしくはその日の勉強が終わったときに音読をしましょう。ポイントとなる文法事項を意識しながら，ときには日本語訳を確認しながら，10 回音読してください。ゆっくりで OK です。

❷内容を意識して 10 回……後日，復習としての音読をしてください。ここでは「意味・内容が浮かぶように」10 回音読してください。これをこなしていくうちに「日本語を介さずに英文を理解できる」ようになっていきます。その英文が伝える内容が「画像として浮かぶくらい」まで音読できればベストです。内容優先ですから，自分で理解できるスピードで OK です。

❸スピードを意識して 10 回……「自分が本番で読むときの理想のスピード（自分が理解できる範囲でのマックスのスピード）」に徐々に近づけながら，10 回読んでみてください。

(2) 配分

　同じ英文を一気に 30 回も読む必要はありません。1 日 5 回 × 6 日＝合計 30 回などに分けて OK です。

(3) 音読の「注意点」

　音読は必ず声に出してください。黙読だと難しい箇所を無意識のうちに飛ばしてしまうからです。ただし，声の大きさは無関係なので，ボソボソで十分です（電車やカフェでもできます）。ボソボソでも声を出すことによって，息継ぎが必要になります。ですから英文を適切なところで区切るときに息継ぎして，より自然な読み方が身につくようになるわけです。

CHAPTER 01

時制

このCHAPTERでは以下の内容がスラスラと言えるようになります。
(※答えは本編各見開きの右下「重要ポイント」で確認してください)

01 現在形は「□□□□・□□□□・□□□□形」と考える

02 スケジュール帳の予定には□□□□を使う

03 進行形にできない動詞は「5秒ごとに□□□□・□□□□できない」

04 過去進行形は「アリバイ」，未来進行形は「□□□□」

05 現在完了形は「過去〜現在までの"□□□□"」

06 過去完了形は「□□□□」を過去の方へカット&ペースト

07 未来完了形は「□□□□」を未来の方へカット&ペースト

08 現在完了進行形は「□□□□」雰囲気

01 現在形は「今この瞬間」を表さない!?

I **watch** movies on my phone before going to bed.

□ 現在形は「現在・過去・未来形」と考える

　「現在形」は「今現在この瞬間」のことを表すとは限りません。文字通りの「現在」よりも広い範囲を含み，「昨日のことも，今日のことも，明日のことも」表すのです。そこでみなさんは**「現在形＝現在・過去・未来形」**と考えてみてください。文法書で説明される用法もすべてこの発想で解決します。

> **参考　現在形の用法**
> (1) **習慣** ……………… I go to school.「私は学校に行く（私は学生です）」
> (2) **不変の真理** …… The sun rises in the east.「太陽は東から昇る」
> (3) **確定した未来** … The train leaves at nine.「その電車は9時発です」

(1) 習慣：I go to school. は「昨日も今日も，そして明日も学校へ行く」という意味です（もちろん休む日もありますが，英語の世界ではその程度のことにはこだわらず現在形を使えます）。そのため，I go to school. という文は学生や教員が使うわけです（保護者がたまたま学校に行くときは使えません）。今回の英文も現在形（watch）が使われており，**「昨日も今日も明日も寝る前に映画を見る」**ということです。決して「今この瞬間映画を見ている」わけではありません（before going to bed とも合いません）。

(2) 不変の真理：The sun rises in the east. も「現在・過去・未来形」の発想から，「太陽は（昨日も今日も明日も）東から昇る」と考えれば十分です。

(3) 確定した未来：この用語では何をもって「確定した」のかがわかりませんよね。The train leaves at nine. の現在形に注目すれば，「その電車は（昨日も今日も明日も）9時に出発する」とわかります。つまり**「現在・過去・未来に繰り返し行われる行為」**＝**「確定した」**と定義しているわけです。

→ 今回の英文の動詞 watch の形は「現在形」と呼ばれるものです。ではこの watch の動作は具体的に「いつのことなのか？」を（「現在形」という用語に引きずられずに）考えてみてください。

◀) 001

寝る前はスマホで映画を見るんだ。

※ちなみに，この「現在・過去・未来形」の発想は動作動詞に当てはまり，状態動詞（be 動詞など）には当てはまらないこともありますが，判別は簡単なので心配不要です（⇒ p.22）。

CHAPTER 01

□ 会話の決まり文句も攻略できる

What do you do?「お仕事は何を？」という決まり文句も，現在形を正しく理解することで攻略できます。What do you do? は「現在形」です（過去形なら What did you ～ ?）。よって，「**あなたは昨日も今日も明日も何をするの？**」→「**普段，何するの？**」→「**お仕事は何を？／ご職業は？**」となるわけです。

A: What do you do for a living?
B: I'm an artificial intelligence programmer.
A：お仕事は何を？　B：人工知能プログラマーです。
※ What do you do for a living? と「生計を立てるために」がくっつくこともある

入試問題で確認

次の空所に入る最も適切なものを 1 ～ 5 から選びなさい。
A: What do you do?　　B:（　　　　　　　　）
1. I'm playing tennis.　　　　　　2. I go shopping.
3. I work for the telephone company.　4. I want to be a lawyer.
5. I'm cleaning my room.　　　　　　　　　　　　（亜細亜大）

（解答 3）A：お仕事は何をされているんですか？　B：電話会社に勤めています。／ 1. テニスをしているところです。　2. 買い物に行きます。　4. 弁護士になりたいと思っています。　5. 自分の部屋を掃除しています。

重要ポイント　現在形は「現在・過去・未来形」と考える！

02 進行形の「核心」と「予定の用法」

> The CEO **is making** an important announcement
> this afternoon.

◻ 進行形の核心は「途中」

進行形は「今まさに～している」のように「その瞬間の動作」を表しますが，単に「～している」ではなく，**「～している途中」**と考えてみてください。

I'm surfing the Internet.

ネットサーフィンをしているところだよ。

※「今まさにネットサーフィンをしている途中」ということ

◻ 現在進行形で「近い未来」を表す

文法書には「現在進行形は近い未来の予定を表すことができる」と書いてありますが，この説明ではどのくらい近いのかがハッキリしませんね。ここでも進行形の核心「途中」から，**「～している途中」→「途中なので，すでに何かしら手をつけている」**と考えれば OK です。

たとえば，今回の英文（The CEO is making an important announcement this afternoon.）は，発表自体はこれからのことであっても，すでに発表の準備を進めていて，もはや「発表の途中」という感覚です。このように**「何かしら着手して"進行している"とき」**に進行形で予定を表せます。言ってみれば**「スケジュールとして書き込む予定」**で，これが「近い未来」という言葉の正体なのです。

We're having dinner at Chez Pierre next Thursday.

私たちは来週の木曜日，シェ・ピエール（店名）で夕食をとる予定です。

※食事自体は来週であっても，すでに予約している（少なくとも行く人同士で決まっている）ときに使う／予約・約束などをしている時点で「食事の途中」と考えられる

→ 今回の is making は現在進行形です。でも「今〜している」と訳しても変な感じがするはずです。「一体いつのことなのか？」を考えてみてください。

■) 002

> 今日の午後，CEO（最高経営責任者）が重要な発表をする予定だ。

□ 進行形の発展事項

ここから少し難しい２つの英文にトライしてみましょう。まず１つ目ですが，以下の英文がどんな状況を示すか想像してみてください。

| He is getting on to the elevator.
※ get on to 〜「〜に乗る」

単に「エレベーターに乗っている」と訳すと，「すでにエレベーターに乗っている状態」と勘違いするかもしれません。実際には**「今まさにエレベーターに乗り込んでいる動作の途中」**を表します（訳は「彼はエレベーターに乗り込んでいるところだ」）。たとえば，リスニングでこの英文に合うイラストを選ぶ問題が出た場合，男性が完全にエレベーターの中にいるイラストではなく，「乗り込む動作の途中」のイラストが正解になるわけです。

進行形の「途中」という感覚をつかむと，応用的な「変化の途中」を強調する用法も理解しやすくなります。次の文の意味を考えてみてください。

| The bird is dying.

この英文を（×）「その鳥は死んでいる」と訳すと，それは「もはや生きていない」ことになってしまいますよね。みなさんは「途中」だと意識して，**「死んでいる・命がなくなっている途中」→「その鳥は死にかかっている」**と考えれば OK です。die という行為が「一瞬で起きる」ことではなく，「時間をかけながら起きる」と考え，その途中の様子を切り取るイメージです。

重要ポイント　**スケジュール帳の予定は be + ing で！**

03 進行形にできない動詞

A: Whose laptop was left in the meeting room?
B: Oh, that **belongs to** Ms. Kobayashi.

□ 進行形の核心から生まれた「5秒ルール」

　動詞は意味によって「動作動詞（進行形にできる動詞）」と「状態動詞（進行形にできない動詞）」の2種類に分けることができます。以下に状態動詞の一例を示したので，軽く確認してみてください。

※ちなみに「動作動詞」とは1回きりの自分の意志でできる行為を表す動詞，「状態動詞」とはある状態が継続していることを表す動詞です。

> **参考** 状態動詞（進行形にできない動詞）の例
> **(1) 所属・構成など**：belong to「属している，〜のものである」／resemble「似ている」／have「持っている」／remain「〜のままである」／consist of「構成されている」／contain「含んでいる」
> **(2) 知覚・心理など**：hear「聞こえる」／see「見える」／smell「においがする」／taste「味がする」／like・prefer「好む」／dislike・hate「嫌う」／want「望む」／know「知っている」／believe「信じている」／remember「覚えている」／understand「理解する」

　こういった「状態動詞は進行形にできない」と言われますが，多くの動詞を覚えるのは大変なので，1つだけルールをおさえてください。

> ▶ **5秒ごとに中断・再開できない動詞は進行形にできない！**

　たとえば，know や like は5秒ごとに「記憶を消したり戻したり／好きになったり嫌いになったり」と中断・再開できませんね。だから，（×）be knowing ／（×）be liking という形はありえないのです。

今回使われている belong to 〜 の「訳し方」と「使い方」はどう習ったか覚えていますか？　みなさんが暗記したであろうことを，今回は独自の視点から解きほぐしていきます。

🔊 003

A：会議室に置いてあったのは，誰のノートパソコン？
B：あ，それは小林さんのだよ。

今回の英文に使われている belong to 〜 も「５秒ごとに中断・再開できない」→「進行形にできない動詞」と考えれば OK です。

※ I belong to 〜 ばかり習いますが, 会話では 物 belong to 人 「物は人のものだ」も大事です。

このルールが生まれる理由を解説していきます。進行形の核心は「途中」なので，途中という概念がある動詞なら「途中で止めたり再開したり」できます。ここから**「中断・再開できる動詞は，進行形にできる」**と言い換えることもできます。たとえば walk「歩く」は中断・再開できますね。５秒歩いて，５秒止まって，また５秒歩いて…，だから進行形 be walking にできるのです。これを逆手にとれば，「途中」という概念に合わない，つまり「中断・再開できない動詞は進行形にできない」となります。ここから**「５秒ごとに中断・再開できない動詞は進行形にできない」**と考えればいいのです。

※「５秒」は単に言いやすいだけなので，数字は「10秒」でも「１分」でも何でも OK

☐ 進行形の「例外」も５秒ルールで解決する

have「持っている，所有している」は進行形にできませんが，「食べる，飲む」の意味なら進行形にできます。これは例外だと教わりますが，**「持っている」は中断・再開できない→進行形にできない，「食べる・飲む」は中断・再開できる→進行形にできる**，とわかりますね。

「弟が２人いる」（○）I have two brothers.　（×）I am having 〜
「弟は昼食の最中だ」（○）My brother is having lunch.

重要ポイント	５秒ごとに中断・再開できない動詞は進行形にできない！

04 過去進行形・未来進行形の頻出事項

> The plane **will be landing** in about 20 minutes.

□ 過去進行形 (was -ing)

まずはなじみのある過去進行形から解説します。過去進行形は「過去のある時点で〜していた (途中だった)」ことを表します。**現在進行形が過去に平行移動する**イメージを持てば OK です。たとえるなら,「あのとき〜していたんです」と伝える**「アリバイ」**のようなイメージです。

> I was watching a movie with my headphones on, so I didn't hear the doorbell.
> ヘッドホンをして映画を見ていたので, チャイムが聞こえなかったよ。
> ※ with OC「O が C のままで」/ doorbell「玄関の呼び鈴, チャイム」

□ 過去進行形を使った「遠慮表現」

過去進行形を使った, **I was wondering if you would[could] 〜「〜していただけませんか」**という非常に丁寧な頼み方があります。これを理解するために, まずは以下の前提をチェックしてください。

> **前提①**: I wonder if 〜「〜かなあ」は疑念を表します。直訳「〜かどうか (if) 不思議に思う (wonder)」です。※ if「〜かどうか」(⇒ p.44)
>
> **前提②**: I wonder if 〜 は丁寧に頼むときにも使えます。相手にものを頼むときは**「遠まわしに言えば丁寧」**(直接言うと押しつけがましい) という発想です。I wonder if 〜「〜かなあ」は, 字面上は単なるひとり言ですが, これが「遠まわしで相手に返事を返すプレッシャーを与えない」→「丁寧な聞き方になる」わけです。

丁寧に頼む I wonder if 〜 が, 過去進行形 I was wondering if 〜 になるとさらに丁寧になります。「このひとり言は過去に一時的に思ったことなんですが」と, 時制まで遠まわしにすることで最高に丁寧な表現になるわけです。

➡️ will be landing は未来進行形と呼ばれる形で,「〜しているでしょう」と習うのが普通です。しかし今回の英文ではその意味だと微妙に変です。どんな意味になるか考えてみましょう。

◀))004

> 当機はあと20分ほどで着陸いたします。

共通テスト（試行調査）のリスニングでも以下のように使われました。

> Mrs. Rossi, I was wondering if you could help me read this manual written in Italian.
> ロッシさん, イタリア語で書かれているこの取扱説明書を読むのを手伝っていただけるとありがたいのですが。

I was wondering if 〜「〜していただけませんか」の後は, help 人 原形「人 が〜するのを手伝う」の形です。ちなみに問題としては, この英文に最も近いものとして He is asking her for some help.「彼は彼女に, 手伝ってほしいとお願いしている」が正解となりました（発言者は男性だったので He）。

□ 未来進行形（will be -ing）

過去進行形と同じ発想で,「未来に向かって平行移動→未来進行形」になります。「（未来の一時点で）〜している（途中）だろう」という意味が基本です。

ただし実際によく使われるのは, これが発展した **「順調に予測できる未来」** で, **「このままいけば〜する流れになるはず」** という意味になります。

今回の英文（The plane will be landing in about 20 minutes.）は, will be landing という未来進行形です（land は動詞「着陸する」で, 日本語でも「ランディング」と使われています）。未来進行形が「順調に予測できる未来」を表し,**「このまま順調にいけば, 当機はあと20分ほどで着陸するはず」** という感覚で使われているわけです。これは機内アナウンスでよく使われる英文で, 大学入試や資格試験のリスニングでも頻出です。

※ in は「経過」を表し, in 時間「時間 が経ったら, 時間 の後」という意味です。

重要ポイント	**過去進行形は「アリバイ」, 未来進行形は「このまま順調にいけば〜するはず」!**

05 現在完了形のイメージ

> The number of people who use Instagram **has increased** over the past 10 years.

☐ 現在完了形 (have *p.p.*) は「現在までの矢印」を表す

現在完了形は日本語にない時制なので，日本語訳の暗記では対処できません。本当に大事なのは「現在完了形のイメージ」をつかむことです。現在完了形は「**過去～現在をつないだ"線的"な時制**」で，以下のような「**過去から現在までの矢印**」をイメージしてください。have *p.p.* は「**過去・完了したこと (*p.p.*) を，現在所有 (have) している**」→「**過去＋現在形**」です。

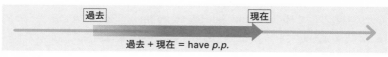

過去		現在	

過去 + 現在 = have *p.p.*

☐ どの用法も矢印に収まる

「現在までの矢印」を厳密に説明すると，「継続／完了・結果／経験」となります。矢印を意識しながら各用法を確認してみましょう。

(1) 継続「(過去から今まで) ずっと～している」

You and I have known each other for a long time.
私たちは長年の付き合いです。※直訳「あなたと私は長い間お互いを知っている」
※「かなり前から今まで知っている状態が継続している」ということ

(2) 完了・結果「(過去から始めて) ちょうど今～したところだ (その結果…だ)」

We've just moved here from Houston with our cat.
私たちはネコを連れてヒューストンから引っ越してきたところです。
※「過去から進めてきた引っ越しが今現在ちょうど完了した」ということ

(3) 経験「(過去から今までに) ～した経験がある (今その経験を持っている)」

I've seen that music video before.
私は以前，そのミュージックビデオを見たことがある。

　　　　→ 現在完了形は「どの用法か？」ばかり教えられがちですが，実際には「いつのことなのか？」という視点が大事です。今回の has increased がいつの現象なのかを考えてみてください。

◀ 005

> インスタを利用する人（の数）は，ここ 10 年間で増加している。

┃ ※「過去にミュージックビデオを見て，今現在もその経験を持っている」という発想

　現在完了形はどの用法であれ，「過去～現在までの矢印」というイメージが大前提ですが，用法を判別する必要がある際は「完了形と一緒によく使われる語句」が 1 つの目安になります（必ずしも 3 用法に分けられるとは限りませんが）。

用法の判別（have *p.p.* と一緒によく使われる重要語句）

	一緒によく使われる語句
継続	for・over「～の間」／ since「～以来ずっと」／ in the last[past] *X* years「ここ *X* 年間で」／ How long「どのくらい」
完了・結果	just「ちょうど」／ already「すでに」／ yet（否定文で）「まだ」,（疑問文で）「もう」／ recently・lately「最近」
経験	before「以前」／ once「1 回」／ twice「2 回」／ *X* times「*X* 回」／ How many times・How often「何回」／ ever「今までに」／ never「一度も～ない」

　受験生が見落としがちなのが over です。over は「覆う」イメージで，「**ある期間を覆って**」→「**～にわたって，～の間**」となります。今回の英文では over the past 10 years「ここ 10 年間で」が使われて，～ has increased over the past 10 years. は「**10 年前から現在までずっと増加している**」ことを表しています。「過去（10 年前）～現在までの矢印」のイメージですね。

　　※主語は The number of ～「～の数」なので，単数扱いで動詞は has increased です。この点は正誤問題（英文の誤りを正しく直す問題）や英作文でもよくポイントになります。

重要ポイント　現在完了形は「過去～現在までの "矢印"」！

27

06 過去完了形のイメージ

> Annie **had** already **gotten** vaccinated when her mother tested positive for COVID-19.

☐ 現在完了形を過去の方へ「カット&ペースト」するだけ

　現在完了形のイメージを理解していれば,過去完了形(had *p.p.*)もイメージで理解できます。**現在完了形が表す「過去から現在までの矢印」を,過去の方にカット&ペーストするだけです。**

　現在完了形は「現在が基準(現在までの矢印)」でしたが,過去完了形は**「過去のある一点が基準(過去までの矢印)」**を表します。この過去の一点までの矢印を意識しながら,以下の各用法を頭に染み込ませてください。

過去完了形の3用法
(1) 継続「(過去の一時点まで)ずっと〜していた」

　My parents had been married for five years when I was born.
　私が生まれたとき,両親は結婚して5年経っていた。

(2) 完了・結果「(過去の一時点で)ちょうど〜したところだった
　　　　　　　　　(その結果…だ)」

　The train had already left when I arrived at the station.
　駅に着いたときには,すでに電車は出てしまっていた。

(3) 経験「(過去の一時点までに)〜した経験があった
　　　　　　　(その時点で経験を持っている)」

　I hadn't seen a horse before I was eighteen years old.
　18歳になるまで馬を見たことがなかった。

今回の英文にある had gotten は過去完了形です。後半に出てくる過去形 tested に対して、「どういう時系列になるのか（had gotten はいつのことなのか）？」を考えてみてください。

◀) 006

母が新型コロナで陽性になったときには，アニーはすでにワクチン接種を受けていた。

今回の英文では，「陽性になった」には過去形（tested）が，「ワクチンを受けていた」には過去完了形（had already gotten vaccinated）が使われています。**過去の一点までに，「すでにワクチン接種は完了」**ということです。

※ get vaccinated「ワクチン接種を受ける」や test positive for 〜「〜の陽性反応が出る」（この positive は「陽性の」）もしっかりチェックしておきましょう。

(4)「大過去」としての用法

had *p.p.* は単に**「大過去（過去のさらに過去）」**を表すときにも使われます（過去形以上の「大過去形」が存在しないため，had *p.p.* で代用する）。

She was surprised at the long line in front of the ramen shop she had seen on TV.

彼女は，テレビで見たラーメン店の前につらなる長蛇の列に驚いた。

※「驚いた」のは過去，「見た」のは過去より前（大過去）なので had seen を使う

➕ⓐ リスニングでも活躍する「完了形のイメージ」

左ページの (2) The train had already left when 〜 . では，when から訳して「着いたときには，出発していた」とするのが原則です。ただし時制に注目すると，「過去完了形（had already left）」→「過去形（arrived）」で，英文の順番と実際の順番が同じなので，左から右に「電車が出発→そのとき（when）駅に着いた」と考えれば，リスニングでも理解しやすくなります。

大過去	過去	現在
電車が「出発」	駅に「到着」	

重要ポイント **had *p.p.* は現在完了形のカット＆ペースト！**

29

07 未来完了形のイメージ

> If Yuina gets a new job in April, she **will have changed** jobs three times.

■ 未来完了形も「現在完了形のカット&ペースト」

未来完了形（will have *p.p.*）は，**現在完了形（過去から現在までの矢印）を未来へ向けてカット&ペースト**するだけです。

現在完了形は「現在までの矢印」，過去完了形は「過去のある一点までの矢印」で，未来完了形は**「未来のある一点までの矢印」**となります。ここでも矢印を意識しながら，各用法を確認しておきましょう。

※上の図では便宜上，矢印のスタート地点は「現在」になっていますが，はるか過去であっても構いません。あくまで矢印の先端が「未来の一点」になることが重要です。

未来完了形の3用法

(1) 継続「(未来の一時点まで) ずっと〜しているでしょう」

　I will have been in hospital for two weeks next Sunday.
　今度の日曜で2週間入院していることになる。

(2) 完了・結果「(未来の一時点で) 〜したところでしょう」

　I will have finished writing my report by tomorrow.
　明日までにはレポートを書き終えているだろう。

(3) 経験「(未来の一時点までに) 〜する経験があるでしょう (その時点で経験を持っている)」

　If I read the book once more, I will have read it three times.
　もう1回その本を読めば，3回読んだことになる。

➡ 今回の will have changed は未来完了形と呼ばれる形です。「いつのことに触れているのか」を考えてみてください。

◀)) 007

ユイナが 4 月に新しい仕事に就いたら， 3 回転職したことになる。

今回の英文(If Yuina gets a new job in April, she will have changed jobs three times.) では「4 月に新しい仕事に就く」のが未来の一点で，そこまでに「3 回転職する」経験を表します（すでに 2 回転職している）。**「4 月までの矢印の範囲で 3 回転職する」**というイメージです。change jobs「転職する」は複数形 jobs にする点に注意しましょう（⇒ p.93）。

※ちなみに，if 節中では「4 月に新しい仕事に就く」という未来のことですが，「現在形」（gets）が使われています。これは「時・条件を表す副詞節の中では未来のことでも現在形を使う」というルールによるものです（⇒ p.48）。

入試問題で確認

次の英文の空所に入る適切な語句を選びなさい。

Next month I (　　) Alice for 20 years.

1. know
2. will have known
3. am knowing
4. will have been knowing

(慶應大)

（解答 2）来月で私はアリスと 20 年の付き合いになる。

※「来月」という未来の一点までの継続なので，未来完了形（will have known）を選びます。know は「5 秒ごとに中断・再開できない」→「進行形にできない」ので 3 や 4 はアウトです。

重要ポイント **will have *p.p.* は現在完了形のカット＆ペースト！**

現在完了進行形のニュアンス

Daniel **has been cutting** down on sweets. He's already lost five kilos.

■ 現在完了進行形は「ずっと〜している」感が強まる

　現在完了進行形（have been -ing）は，文字通り「現在完了＋進行形」のことです。現在完了に進行形をミックスすることで**「ずっと〜している」**という意味になります。現在完了形の「継続」の意味が強まる用法です。

	現在完了	have p.p.
+）	進行形	be -ing
現在完了進行形	**have been -ing**	※ p.p. + be → been

　「現在完了形の継続用法」と「現在完了進行形」との使い分けに明確な線引きをするのは難しいのが現実なのですが，みなさんは「現在完了進行形は**継続のニュアンスを出したい（強調したい）ときに使う**」と考えてみてください。have been -ing は**「グイグイと続いている」**雰囲気で，大半の場合は**「今後もそのまま続きそうな含み」**があります（最終的には文脈判断ですが）。

　今回の英文（Daniel has been cutting down on sweets.）は**「ず〜っと甘いものを控え続けている（今後も続きそう）」**というニュアンスです（cut down on 〜「〜を減らす・控える」）。継続用法の目印になる for や since がなくても，現在完了進行形で確実に「継続用法」だと伝わるとも言えます。

　※ 2文目（He's already lost five kilos.）は現在完了形で「完了・結果」を表しています（He's = He has）。「過去〜現在までに5キロ痩せた」ということです。

■ 過去完了進行形と未来完了進行形もカット＆ペーストで

　過去完了形・未来完了形と同じ発想で，現在完了進行形を**過去にカット＆ペースト**すれば「**過去完了進行形（had been -ing）**」に，**未来にカット＆**

→ 今回の英文の has been cutting は現在完了形と進行形がくっついた「現在完了進行形」と呼ばれる形です。この形がどんな「雰囲気」を持つのかを知るのが今回の目的です。

◀) 008

ダニエルは甘いものを控え続けている。すでに 5 キロ痩せた。

ペーストすれば「未来完了進行形（will have been -ing）」となります。

The online meeting had been going on for 30 minutes when I got a phone call.

電車がかかってきたとき，オンライン会議が始まって 30 分経っていた。／オンライン会議が始まって 30 分経った頃，電話がかかってきた。

※「電話がかかってきた」という過去の一点まで会議を続けた／S had p.p. when s 過去形 は，前から「 had p.p. したら，そのときに 過去形 だ」と意味をとると自然になることも多い

In 30 minutes, I will have been studying for five hours straight.

あと 30 分すれば，5 時間連続で勉強していることになります。

※「30 分後」という未来の一点まで勉強し続ける（現在は「4 時間半勉強し続けている」ということ）／ straight「連続で」

入試問題で確認

次の日本語を適切な英語にしなさい。　※数字は英語のつづり字で書くこと。
電車が到着した時，私たちは 40 分待っていた。

_____ when the train arrived. 　（学習院大）

（解答 We had been waiting for forty minutes when the train arrived.）

※「電車が到着した」という過去の一点まで「40 分待ち続けた」ということなので，過去完了進行形（had been -ing）を使います。過去完了形（We had waited for 〜）でも表せますが，過去完了進行形（We had been waiting for 〜）のほうが圧倒的に自然です。

重要ポイント　**have been -ing は「グイグイ続いている」雰囲気！**

(1) 時間経過表現　「～してから 年月 が経った」

> ① 年月 have passed since sv（過去形）.　※ since sv の v は「過去形」
> ② It has been 年月 since sv（過去形）.　※ since があるので現在完了形（has been）
> ③ It is 年月 since sv（過去形）.　※②の変形で, has been → is でも OK になった用法

「中学を卒業して 3 年が経った」

Three years have passed since we graduated from junior high school.

= It has been three years since we graduated from junior high school.

= It is three years since we graduated from junior high school.

※（×）It has passed としないように注意

(2) 時間経過表現　「亡くなって X 年が経つ」

> have been dead for *X* years　※直訳は「X 年間ずっと死んだ状態だ」

「彼は 5 年前に亡くなった／彼が亡くなってから 5 年が経った」

He died five years ago.　※直訳「5 年前に死んだ」

= He has been dead for five years.　※直訳「5 年間ずっと死んだ状態だ」／dead は形容詞

= Five years have passed since he died.

= It has been five years since he died.

= It is five years since he died.

(3) have been to ～ と have gone to ～

> have been to ～　【完了】～へ行ってきたところだ
> 　　　　　　　　【経験】～へ行ったことがある
> have gone to ～　【完了・結果】～へ行ってしまった（もうここにいない）

I have never been to South Korea.

私は韓国に行ったことがありません。　※ never から「経験」の用法だと判断／have been to ～ には 2 つの意味があるが, どちらも「今はここにいる」という共通点がある（be 動詞が「いる」の意味なので）／go は「離れていく」感覚

(4) never ／ once ／ twice などを使わないで「経験回数」を述べる

> This is the first time s have *p.p.*「s が～したのは，これが初めてです」

This is the first time we have eaten here.

私たちがここで食事をするのは，これが初めてです。

※ first 以外の数字では「○回目」となる

CHAPTER 02

接続詞

このCHAPTERでは以下の内容がスラスラと言えるようになります。
（※答えは本編各見開きの右下「重要ポイント」で確認してください）

09 while の品詞は「＿＿＿＿」, during の品詞は「＿＿＿＿」

10 once は副詞の他に「＿＿＿＿」もある

11 while walking では "＿＿＿＿" の省略を見抜く

12 the fact that sv の意味は「＿＿＿＿」

13 see if ～ の意味は「＿＿＿＿」で, if は「＿＿＿節」をつくる

14 so ～ that ... は「＿＿＿＿ → どれほど?」という発想

15 時・条件を表す副詞節の中では未来のことでも「＿＿＿＿」を使う

前置詞と接続詞の判別

> Professor Takada met with three colleagues **while** he was attending the academic conference.

■ 従属接続詞は「形」を意識する

接続詞とは文字通り「単語と単語，SV と SV などを接続する詞」のことです。接続詞には「等位接続詞」と「従属接続詞」の 2 種類があります。

> **(1) 等位接続詞**（and／but／or など）
> **(2) 従属接続詞** ①副詞節をつくる（when／if／because などたくさん）
> 　　　　　　　　②名詞節もつくる（that／if／whether のみ）

両方とも「何かをつなぐ」（接続する）という共通点はありますが，「使われ方」（つなぎ方）に違いがあります。ここでは (2) 従属接続詞（①副詞節をつくる）を解説していきます。

従属接続詞は「訳し方」だけでなく，**「形」**を意識することが最重要です。たとえば，because であれば「〜だから，〜なので」という意味よりも，**"Because sv, SV. ／ SV because sv."** の形を意識することが大切なのです。

> **従属接続詞がとる「形」** ※（　）は「副詞節」を表す
> （|従属接続詞| sv），SV.／SV （|従属接続詞| sv）. ※副詞節が後ろにきても OK

> Sakura can't concentrate on her work because her office is noisy.
> オフィスが騒がしいので，サクラは仕事に集中できない。

■ 前置詞と接続詞の区別

入試では「前置詞と接続詞の区別」がよく問われるので，整理しておきましょう。共通点は「副詞のカタマリをつくる」，相違点は「後ろの形」です。

→ 今回の英文で使われている while は「〜する間」という意味ですが，同じ意味の during との違いは何でしょうか？ 「品詞」と「後ろの形」をきっちり意識することで，長文が正確に読めるようになっていきます。

◀)) 009

高田教授は，学会に参加している間に 3 人の同僚と会った。

前置詞 vs. 接続詞

	後ろにくる形	カタマリがつくる品詞
前置詞	名詞（代名詞・動名詞も含む）	副詞句／形容詞句
接続詞	sv（主語 + 動詞）	副詞節／（ほんの一部は）名詞節

たとえば during と while はどちらも「〜の間」という訳ですが，**during は「前置詞」，while は「接続詞」**です。今回の英文では従属接続詞 while の後ろに，he was attending 〜 という「文（sv）」がきていますね。一方，前置詞 during を使うと，後ろには「名詞」がきて，Professor Takada met with three colleagues during the academic conference. となります。

入試でよく狙われる「前置詞 vs. 接続詞」のペア

意味　　　　品詞	前置詞	接続詞
〜の間	during	while
〜までには	by	by the time
〜なので	because of	because
〜しなければ	without	unless
〜だけれども，〜にもかかわらず	in spite of ／ despite ／ for all ／ with all ／ after all ／ notwithstanding	though ／ although ／ even though
〜であろうとなかろうと	regardless of ／ irrespective of	whether

語句　colleague 名 同僚／ academic 形 学問の／ conference 名 会議

重要ポイント　**while は「接続詞」，during は「前置詞」！**

$\mathit{10}$ 意外な従属接続詞

Once you start watching this anime, you won't be able to stop.

□ 従属接続詞を一気にチェック

(1)「時」を表す従属接続詞

□ when「〜するとき」／□ while「〜する間」／□ whenever「〜するときはいつでも」／□ before「〜する前に」／□ after「〜する後に」／□ till・until「〜するまでずっと」／□ since「〜してから今まで」／□ as soon as「〜するとすぐに」／□ by the time「〜するまでには」／□ **every time**・each time・any time[anytime]「〜するときはいつでも」／□ **the moment・the minute・the instant**「〜するとすぐに」

He handed in his exam and left as soon as he finished the last question.
彼は最後の問題を解き終わると，すぐに試験を提出して出て行った。
※ SV as soon as sv.「sv するとすぐに SV する」／ hand in「提出する」

(2)「条件」を表す従属接続詞

□ if「もし〜なら」／□ unless「〜しない限り」／□ once「いったん〜すれば，〜するとすぐに」／□ in case「もしも〜の場合には，〜するといけないから」／□ as long as・so long as「〜する限りは」／□ as far as・so far as「〜する範囲内では」／□ suppose・supposing・provided・providing「もし〜なら」／□ **given {the fact} {that}**「〜を考慮すると，〜を仮定すると」／□ on {the} condition {that}「〜という条件で」

⟶ once は副詞「一度，かつて」が有名ですが，今回の英文は Once の後ろに sv という文が続いているので副詞ではありません。once の品詞（後ろの形）を意識しながら読んでみてください。

◀ 010

いったんこのアニメを見始めたら，止まらなくなるよ。

CHAPTER 02

今回の見出しの英文は Once sv, SV.「いったん sv すれば SV する」の形ですね。once は副詞「一度，かつて」以外に，接続詞がとても重要なのです。文法問題だけでなく，長文やリスニングでも非常によくポイントになります。

※ここでも「時・条件を表す副詞節の中では未来のことでも現在形を使う」というルール（⇒ p.48）により，once がつくる副詞節中では「現在形 start」が使われています。

Supposing the problem has been fixed, the machine should work.
もしその問題が解消されたのであれば，機械は動くはずです。

※ Supposing sv, SV.「もし sv するなら SV する」／ suppose, supposing, provided, providing はセットで覚える（早稲田・慶應などの文法問題でも出題済み）／（×）supposed ではない点に注意／ work「機能する」

(3)「対比／逆接・譲歩」を表す従属接続詞／「理由」を表す従属接続詞

□ while・whereas「〜する一方で」／□ though・although「〜だけれども」／□ even though「（実際そうであるが）たとえ〜でも」
※ though を強調したもの／□ even if「（実際はわからないが）たとえ〜でも」／□ if「たとえ〜でも」※ if だけでも even if と同じ意味で使える／
□ whether「〜してもしなくても」
□ because「〜だから」／□ since・as「〜だから」／□ in that「〜だから，〜という点において」／□ now that「今やもう〜だから」

The negotiations were a success in that both sides got what they wanted.
両者が望むものを得られたという点において［得られたので］，その交渉は成功だった。※ SV in that sv.「sv するという点において SV する」

重要ポイント　once は副詞の他に「接続詞」もある！

11 従属接続詞内での "s + be" の省略

After getting into a car accident, Sora stopped using his smartphone **while walking**.

■ "s + be" は省略できる

従属接続詞の後ろには sv が続くのですが, 以下の条件を同時に満たすときだけ省略できます (もちろん省略しなくても OK)。

（従属接続詞がつくる）副詞節内での "s + be" の省略条件
(1) "副詞節内の s = 主節の S" のとき
(2) 副詞節内の動詞が be 動詞のとき　※主節の動詞は何でも OK

Andy often watches the news while eating breakfast.
アンディは, 朝食を食べながらニュースを見ることがよくある。

本来は Andy often watches the news while he is eating breakfast. です。
(1) 主語 Andy = he, (2)while 節内の動詞は is なので, he is が省略できます。

■ ライティングでも狙われる「歩きスマホ」

今回の英文は Sora stopped using his smartphone while {he is} walking. ということです。**(1) 主語 Sora = he で, (2) while 節内の動詞は is** なので, he is が省略できるわけです。ちなみに, 文頭の After は前置詞・接続詞の両方ありますが, 今回は「前置詞」で, 後ろに動名詞 (getting) がきています。

また, この **use a smartphone while walking「歩きながらスマホを使う, 歩きスマホをする」**はとてもよく使われる表現です。while walking「歩きながら」や while driving「運転しながら」はこのままおさえておくといいでしょう (もはや熟語化していると言えるほどです)。

「歩きスマホ」や「運転中のスマホ使用」は長文で頻出ですし, 和文英訳で直接問われたり, 自由英作文で「歩きスマホの是非」が出たりもします。

→ while は「従属接続詞」なので後ろに sv がくるはずですが，今回は while walking となっています。なぜこんな形になっているのかを考えながら，頻出テーマ「歩きスマホ」も一緒に対策しましょう。

◀) 011

自動車事故に遭ってから，ソラは歩きスマホをやめた。

入試問題で確認

以下の日本語を適切な英語にしなさい。
歩きスマホは思っているより危ない。　　　　　　　　　　（福岡大）

（解答例 Using a smartphone while walking is more dangerous than people[you] think.)

※「歩きスマホ」→「歩きながらスマホを使うこと」と考えて，Using a smartphone while walking とすれば OK です。後半は「（人々が・あなたが）思っているより危ない」と考えて，is more dangerous than people[you] think とします。

➕α　条件を満たさずに省略される場合

主語が違っても（左ページ (1) の条件を満たさなくても）"s + be" が省略されるときがあります。**「明らかに主語がわかる場合」**や**「決まり文句」**のときです。

※「絶対にわかる（誤解の余地がない）」ために起きる省略なので，簡単に見抜けます。

Be sure to unplug appliances when not in use.

使わないときには電化製品のコンセントを必ず抜いてください。

※ {You} Be sure to unplug appliances when {they are} not in use. のこと／命令文なので文の主語は You だが，省略されているものは they (= appliances) are で主語が違う

語句　get into 〜 〜になる・陥る

重要ポイント　**while walking では "s + be" の省略を見抜く！**

12 接続詞thatの働き

> Risa is proud of the fact **that** her painting won an award.

■ 名詞節をつくる that

　従属接続詞はどれも「副詞節」をつくれますが，たくさんある従属接続詞のうち，たった3つ（that, if, whether）だけが「名詞節"も"つくる」ことができます。接続詞 that は "that sv" という形で名詞のカタマリ（名詞節）になって，「sv ということ」を意味します。"that sv" のカタマリはあくまで名詞にすぎないので，「文の一部になる」ことを意識してください。

※名詞節は「S・O・C になる／名詞と同格になる」という働きがあります（名詞と同じ働き）。以下の文では that 節が目的語になっています。

I know his name.「彼の名前を，私は知っている」

　↓ ※名詞 his name → 名詞節 that he is unmarried に置き換える

I know that he is unmarried.「彼が結婚していないことを，
　　　　　　　　　　　　　　　　　　　　私は知っている」

■ 同格の that とは?

　名詞節をつくる that が，**ある特定の名詞にくっついて「その名詞を説明する」**働きがあります。"名詞 that 〜" の形で，名詞の内容を that 以下で説明するわけです。たとえば，the fact that he passed the examination は，the fact と that he passed the examination という名詞（節）が2つ並んでいます。

the fact　　that he passed the examination
名詞　　　　　　　　名詞節
「事実」「彼が試験に合格したこと」→「**彼が試験に合格したという事実**」

今回の英文で使われている that は接続詞ですが，どんな働きをしているでしょうか？ 「直前にある the fact」と「that ～ がつくるカタマリ」の関係を考えてみてください。

◗）012

リサは自分の絵が入賞したことを誇りに思っている。

名詞が2つ並んでいるので，そのまま解釈すると「事実，その事実を詳しく説明すると，彼が試験に合格したということ」となりますが，まるで that 以下が the fact を修飾するような働きという発想から，便宜的に「彼が試験に合格したという事実」と考えます。このように「2つの名詞が並ぶ」ことから，「同格用法」や「同格の that」と呼ばれます。

今回の見出しの英文は be proud of ～「～を誇りに思っている」の後ろに，**the fact that ～「～という事実」**が続いていますね。the fact を，that ～ 以下で詳しく説明しているわけです。

ちなみに，that 節中では win an award「受賞する」という表現が使われています。win は単に「勝つ」ではなく，**「勝ち取る」**というイメージでおさえてください（get と同じイメージ）。今回は過去形 won が使われ，「ワン」と発音されるので，リスニングでは one と勘違いしないように注意しましょう。

補足 関係代名詞 that との区別

同格の that は接続詞なので，当然後ろには **sv（完全な文）**がきます。一方，関係代名詞 that の後ろには（s や o が欠けた）**不完全な文**がきます（⇒ p.222 ～ 225）。実際には the fact that ～ では「同格」になることが圧倒的に多いですが，以下で関係代名詞の例も確認しておきましょう。

> The fact that was revealed by the investigation turned out to be important.
> 調査によって明らかになった事実が重要であるとわかった。
> ※ that の後に was がある（主語がない不完全な形）→ 関係代名詞

重要ポイント the fact that sv は「sv という事実」！

13 接続詞if・whetherの働き

I need to see **if** my smartwatch is still under warranty before sending it in for repairs.

☐ if は名詞節もつくる

名詞節をつくる従属接続詞は, that 以外に if と whether があります。if はどの訳語も「**半々の不安定**」という意味が土台にあります。

---

if の意味　核心：半々の不安定
(1) 副詞節の場合　「もし〜なら」「たとえ〜でも」　※ even if の形になることも
(2) 名詞節の場合　「〜かどうか」

| I wonder if aliens exist.　宇宙人っているのかな。

wonder「不思議に思う」は他動詞で, 直後に名詞（目的語）が必要です。そのため wonder の直後にある if 〜 は名詞節だと考えるわけです。**if は名詞節をつくる→「〜かどうか」という意味になる**と判断します。上の例文では「宇宙人がいるか」が半々の感じ（確信を持てない不安定さ）です。

今回の見出しの英文（I need to see if my smartwatch is still under warranty before 〜）でも, 他動詞 see の後ろに if 〜 がきています。この if は名詞節をつくり, **see if 〜「〜かどうか確認する」**となっているわけです（ここでの see は「確認する」という意味）。

この表現はリスニングでも大事で, はっきり「スィー イフ」ではなく軽く「**スィフ**」のように発音される**ことが多いです。「スィフ」と聞こえたときに see if だとわかるようにしっかりチェックしておきましょう。

☐ whether の判別

接続詞 whether も副詞節・名詞節の両方をつくれますが, その根底には「**2つのうちどっちか**」という意味があります。

※ちなみに whether と if は「名詞節のときだけは同じ意味（〜かどうか）」です。

25今回の英文で使われている if を「もし〜」と考えると，まったく意味

今回の英文で使われている if を「もし〜」と考えると，まったく意味が通りません。ここでの if の「働き（何節をつくるか？）」と「意味」を考えてみましょう。

◀) 013

スマートウォッチを修理に出す前に，まだ保証期間内かどうか確認しなくちゃ。

whether の意味　核心：2つのうちどっちか
(1) 副詞節の場合　「〜であろうとなかろうと」
(2) 名詞節の場合　「〜かどうか」　※名詞節 if と同じ意味

CHAPTER 02

Whether it rains or not, the match will be played on Tuesday.
雨が降ろうが降るまいが，その試合は火曜日に行われる。

※副詞節 whether（Whether sv, SV. の形）／ whether 〜 or not「〜であろうとなかろうと」の形はよく使われる

Whether it rains or not greatly influences crop yields.
雨が降るか降らないかが，作物の収穫量に大きく影響する。

※名詞節 whether（Whether sv V. の形）／「その季節での雨量が収穫量に大きく影響する」ということ／ crop「作物」／ yield「収穫量」

if ／ whether の意味

接続詞	何節？	副詞節	名詞節
if		もし〜なら／たとえ〜でも	〜かどうか
whether		〜であろうとなかろうと	

語句　under warranty 保証期間内で／ send in 〜 〜を送る（in は副詞なので，send 〜 in の形もある）／ repair 名 修理（作業）※複数形でもよく使われる

重要ポイント　**see if 〜 は「〜かどうか確認する」（名詞節の if）！**

45

14 so ～ that ... の正しい発想

The price of airline tickets has been going up, but they're not **so** expensive **that** we have to put off our trip.

□ 副詞節 that の「形」と「意味」

接続詞 that は「名詞節をつくる」のがメインの仕事ですが, 副業的に「**副詞節をつくる**」こともあります。副詞節をつくる that は少し特殊で, 従属接続詞の基本形（If sv, SV.）をとらず, 必ず主節の後ろにきます。

> 形　：SV that sv.　※必ず「主節の後ろ」にくる
> 判別：余分な that 節は「副詞節をつくる」と判断する
> 意味：①結果「～なのでその結果…」・程度「…なくらい～だ」
> 　　　②理由（感情の<u>原因</u>・判断の<u>根拠</u>）「～だから, ～するなんて」

> Janet was happy that she didn't have to work on the weekend.
> ジャネットは, 週末に仕事をしなくてもよかったことを嬉しく思った。

Janet was happy の時点で文が完成している（SVC で文は完成）ので, これ以上必要な要素はありません。よって「that 以下は余分なもの」→「副詞節」だと判断できます。今回は「理由（上記②の意味）」を表し,「happy だった」と言った後に that ～ 以下で「happy だった理由」を述べる流れです。

□ so ～ that ... の考え方

so ～ that ... はおなじみの構文ですが, 実はこの that は「副詞節をつくる that」です。今回の英文では they're not so expensive（SVC）の時点で文は完成しているので,「**that 以下は余分なもの**」→「**副詞節**」となります。

→ so 〜 that ... を「とても〜なので…だ」と考えると，今回の英文は「値段がとても高くないので，旅行を延期する」と意味不明になってしまいます。そんなときの対処法を学んでいきましょう。

◀) 014

航空券の値段は上がっていますが，旅行を先延ばしにしなければならないほど高いわけではありません。

---

so 〜 that ... の意味　※「結果・程度」のどちらでも解釈できることも多い
(1) 結果「とても〜なので（その結果）…だ」　※前から訳す
(2) 程度「…なくらい〜だ」　※後ろから訳す

---

so は本来は**「それほど」**で，「それほど」に呼応して，that は「どれほどかというと（程度）」となるのです。so 〜 that ... は**「それほど〜だ。どれほどかというと…なほど」**という発想が根底にあります。この発想は否定文のときに活躍します。

今回の英文（〜 , but they're not so expensive that we have to put off our trip.）では，「値段がとても［あまり］高くないので，旅行を延期する」だと意味不明ですね。本来の発想通り，以下のように考えればいいのです。

---

they're not so expensive → that we have to put off our trip
「航空券はそれほど高くない」→「旅行を延期しなければならないほど」
→ **「航空券は，旅行を延期しなければならないほど高くはない」**

文法問題や英作文で超頻出ですし，so を見た時点で「それほど→どれほど？」と意識することで，長文で that がかなり後ろにきても気づけるのです。また，否定文のパターンが実際に和訳問題で狙われることもありますよ。

重要ポイント　　**so 〜 that ... は「それほど→どれほど？」の発想！**

15 現在形の特別用法

> We will contact you as soon as the room **is** available.

■ 重要ルールを3つのポイントから理解する

接続詞と時制を踏まえた**「時・条件を表す副詞節の中では未来のことでも現在形を使う」**という重要ルールがあります。以下の3点がポイントです。

> ▶ <u>時・条件を表す副詞節</u>の<u>中</u>では未来のことでも<u>現在形</u>を使う
> 　　　　　①　　　　　　　　　　②　　　　　　　　　　③

① 「時・条件を表す副詞節」をつくるのは，when（時）・if（条件）などの**従属接続詞**です。(If sv), SV. の形で，（　　）の部分が副詞節になります。

② 副詞節の**「中だけ」**が現在形です。副詞節の外（主節）にこのルールは適用されません。

③ 未来のことなので will などを使うべきなのですが，**「現在形で代用する」**ということです。

今回の英文では，部屋が空くのは「未来（これから）」ですが，as soon as がつくる副詞節の中なので「現在形（is）」になっています。このルールは「副詞節の中だけ」に適用されるもので，副詞節の外（主節）はそのまま未来の形（will contact）です。

ちなみに available も重要単語で，**「スタンバイ OK」**のイメージから，「部屋がスタンバイ OK」→「利用できる，空いている」となります（⇒ p.132）。

※今回の英文は「物件探し／ホテルや会議室の予約」などのときに業者が使う英文で，今後，共通テストなどで出そうなものにしました。

今回の英文で，主節は未来を表す will contact ですが，as soon as がつくる副詞節では未来のことなのに「現在形（is）」が使われています。ここに隠された超重要ルールを解説していきます。

◀) 015

その部屋が空き次第，ご連絡差し上げます。

☐ 名詞節のときは普通に考える

このルールは，あくまで「副詞節」の話であって，「**副詞節以外（名詞節・形容詞節）**」では（未来のことは普通に）未来を表す形を使えば OK です。

I don't know if Michelle will come back.

ミッシェルが戻ってくるかどうかわからない。

※他動詞 know の直後にある if ～ は名詞節「～かどうか」／（副詞節ではないので）未来のことは素直に未来の形（will come back）にする

Do you know when the movie will be released in Japan?

その映画がいつ日本で公開になるか知ってる？

※他動詞 know の直後にある when ～ は名詞節（この when は疑問詞で「いつ」という意味）／入試では when と if がよく狙われる

⊕α 時制から「when の意味」を判断する

(1) Tell me when you'll be back in Japan. いつ日本に戻ってくるか教えて。

(2) Tell me when you're back in Japan. 日本に戻ってきたら教えて。

(1) は tell [人] [物]「[人]に[物]を話す」の形で，[物]の部分に when 節がきています。when s will ～ なので，この when 節は**名詞節「いつ～か」**だと判断できます。一方，(2) では「日本に戻る」のはこれから（未来）のことですが，when 節では現在形 are が使われているため，この when は**副詞節「～するとき」**をつくるとわかります。時制から意味を判別できるわけです。

重要ポイント 　**時・条件を表す副詞節の中では未来のことでも「現在形」を使う！**

□ as long as と as far as の使い分け

どちらも「～する限り」と訳されますが, 使われる状況が違います。結局は「long と far の違い」なので, as <u>long</u> as は「時間」, as <u>far</u> as は「距離・程度」に注目すれば OK です。

> ● 「～する時間内では」に置き換えられる → as long as（so long as も同じ）
> ● 「～する範囲内では」に置き換えられる → as far as（so far as も同じ）

> You can stay in my room as long as you don't interrupt me.
> 邪魔しなければ部屋にいてもいいよ。
> ※「邪魔しない時間内は」に置き換え可能／interrupt「邪魔する」

> **as far as でよく使われる表現**
> □ as far as the eye can see「見渡す限り」
> □ as far as I can see「私にわかる限り」　※ see「わかる」
> □ as far as I know「私の知る限り」
> □ as far as I remember「私の覚えている限り」
> □ as far as I am concerned「私に関する限り」

> As far as I'm concerned, it's not a problem if Bill comes with us.
> 私としては, ビルが私たちと一緒に来るのは問題ありません。
> ※「他の人は嫌かもしれないけど, 私はそんなことはない」という含みがある

□ in case の注意点

in case は従属接続詞なので, "SV in case sv." の形をとります（in case 節は後ろにくることが多い）。意味は「もしも～の場合には」「～するといけないから」という 2 つの意味が重要です。さらに, 入試では以下の細かい点まで問われます。

> **in case の特徴**　※「余分なもの」がつかない
> ① a・the 不要　（×）in a case　　　※慶應大学の正誤問題で出題済み
> ② not 不要　　（×）in case s not v　※日本語「するといけない」につられないように
> ③ will 不要　　（×）in case s will v　※「時・条件の副詞節」なので will は不要

ただし,「余分な just」ならつくことがあります。「ただ～する場合に備えて」→「万一～するといけないから」という感じで, in case の意味を強調する働きです。

> I brought a portable charger, just in case my phone's battery dies.
> スマホの充電切れに備えて, ポータブル充電器を持ってきました。
> ※ portable「持ち運びできる」／ die「（充電が）なくなる」

CHAPTER 03

仮定法

このCHAPTERでは以下の内容がスラスラと言えるようになります。

（※答えは本編各見開きの右下「重要ポイント」で確認してください）

16 仮定法の目印は「　　　　　」

17 「これからの仮定」には　　　　　と　　　　　を使い分ける

18 shouldを使った仮定法の倒置" 　　　　　, 命令文 "は超頻出

19 ifは消えるものと心得て,「　　　　　」に反応する

16 仮定法過去・仮定法過去完了の公式

> If I **had talked** to her after class, I **would** be friends with her on Instagram now.

□ 仮定法の公式

　英語では**「妄想」**を語るときに「これは妄想だよ」とハッキリ示す約束があり，そのときに使う特殊な文法が「仮定法の公式」です。

仮定法の公式
(1) 仮定法過去の公式 ………「現在・未来」の妄想： 過去形 を使う
　▶ If s 過去形 , S would 原形
　　「もし〜ならば…だろうに」
(2) 仮定法過去完了の公式 …… 「過去」の妄想： 過去完了形 を使う
　▶ If s had p.p. , S would have p.p.
　　「もし（あのとき）〜だったら…だっただろうに」

※ would 以外に could, might, should でも可

　仮定法過去は「見た目は**過去**／中身は**現在**（たまに未来）」，仮定法過去完了は「見た目は**過去完了**／中身は**過去**」になるのがポイントです。

> If I lived in Hawaii, I could go to the beach every day.
> もしハワイに住んでいれば，毎日ビーチに行けるのに。※仮定法過去

> If I had studied harder, I would have passed the test.
> もっと一生懸命勉強していれば，テストに合格していただろうなあ。
> ※仮定法過去完了

　今は公式の確認中なので if がメインに見えますが，これ以降学ぶものの中には if がない英文も出てきます。仮定法の公式を学んでいる時点で**「仮定法の目印は"助動詞の過去形"」**だと強く意識してください。

→　今回の英文は「仮定法」で，多くの受験生が「仮定法の目印は "if"」と思っています。確かに公式には if が出てきますが，注目すべきは他のところです。果たしてそれはどこでしょうか？

◀) 016

授業の後彼女に話しかけていたら，今頃はインスタでつながっていただろうになあ。

☐ ミックス仮定法（仮定法過去完了＋仮定法過去）

　　仮定法過去完了（過去の妄想）と仮定法過去（現在の妄想）が混ざった公式もあります。「**あのとき〜だったら，今頃は…だろうに**」というものです。

ミックス仮定法の公式

仮定法過去 ……… ~~If s 過去形~~, S would 原形

＋

仮定法過去完了 … ~~If s had *p.p.*, S would have *p.p.*~~

↓

ミックス仮定法 … If s had *p.p.*, S would 原形

　　「もし（あのとき）〜だったら，　（今頃は）…だろうに」

　　　　（仮定法過去完了）　　　　　　　　　（仮定法過去）

※ would 以外に could, might, should でも可

　　今回の見出しの英文はこのミックス仮定法のパターンです。前半の If I had talked to her after class は「仮定法過去完了」（had *p.p.*）で，「もし彼女に話しかけていたら」という**過去の妄想**を表しています。

　　そして後半の I would be friends with her on Instagram now は「仮定法過去」（would 原形）で，「今頃はインスタでつながっていただろうに」という**現在の妄想**を表しているわけです（直訳は「私は今頃インスタグラム上で彼女と友達だっただろうに」）。文末の now からも「現在」であることは明らかです。

　　※ここでも「助動詞の過去形（would）」が使われていると確認してください。

重要ポイント　　**仮定法の目印は「助動詞の過去形」！**

17 未来の仮定法の公式

If Mt. Fuji **were to** erupt, a lot of people **would** be shocked.

☐ should を使った仮定法

「現在の妄想（仮定法過去）」と「過去の妄想（仮定法過去完了）」以外に，「未来の妄想」もあります。未来の仮定法は 2 パターンの公式があります。

「万一あるかもしれないけど，基本的にありえない」ときに使うのが should です。仮定法は主節に助動詞の過去形がくるのが原則ですが，should は（仮定法とはいえ）ほんのわずかに実現可能性がある以上，仮定法の目印である「助動詞の過去形」が使われないことがあります。

> If s should 原形, S would 原形／命令文／直説法（たとえば will）など
> 「もし（万一）〜なら，…だろうに／…しなさい」

※主節は would, could, might, should でも OK ですが，if 節は should だけです。

If you should have any questions, don't hesitate to contact us.
もし何か質問がございましたら，お気軽にお問い合わせください。
※ if 節は should ／主節は命令文（don't 〜 は否定の命令文）／ should を使った仮定法は「命令・指示」（もし〜の場合は…しなさいね）によく使われる

☐ were to 〜 を使った仮定法

should を使った仮定法では「万一」などの細かいことを考えましたが，were to 〜 の場合は完全に妄想の世界の話で，**「（実現可能性に関係なく）あくまで仮の話で」**という意味で使います。ありえる・ありえない関係なく（実際に起こるかどうかなんて関係なく）**「完全なる妄想の世界」**です。

> If s were to 原形, S would 原形 ※ would 以外に could, might, should も可
> 「（あくまで仮の話で）〜なら，…だろうに」

→ **今回の were to という形は一体何なのでしょうか？　また，どういうときに使われるものなのか，世間でよくある誤解を解きながら説明していきます。**

017

もし富士山が噴火したら，多くの人が衝撃を受けるでしょう。

were to ～ は「完全妄想」なので，仮定法の原則通り「主節に助動詞の過去形」がきます。were to ～ という形自体が変な形なので,「were to は現実離れした形 → 現実と切り離した妄想に使う」と考えるのもアリです。

ちなみに，昔から「万一ありえる should」に対して，「were to は絶対ありえないときだけに使う」と教えられてしまう受験生がたくさんいます。確かに were to は「絶対ありえない」ときも使いますが,「ありえる」ことにも使われます。「ありえる・ありえない」という次元ではなく，**「あくまで仮の話では」というときに使うのが were to** なんです。今回の英文でも「富士山が噴火する可能性」は特に想定しておらず, あくまで**「(実現可能性は無視して) もし富士山が噴火する状況になったら」**ということなのです。

※主節では，原則通り助動詞の過去形 would が使われています。

仮定法は文法問題や長文でポイントになるのはもちろんですが，以下のように自由英作文の「お題」で使われることもあります。

入試問題で確認

If you were to take a gap year, how would you spend the year and why?
（香川大）

あなたがギャップイヤー（高校と大学の間にとる１年間の休み）をとるとしたら，その１年をどのように過ごしますか？　またその理由は何ですか？

語句　erupt 動 噴火する／shock 動 衝撃を与える

重要ポイント　「これからの仮定」には should か were to を使う！

CHAPTER 03

18 if 省略による倒置

Should you have any questions, don't hesitate to contact us.

□ if が省略された合図に「倒置」が起こる

仮定法の公式が崩れた形として，まずは「if 省略による倒置」を扱います。**仮定法の if は省略可能で，その省略の目印として「倒置」が起きます。**ここでの倒置は（動詞が前に出るだけの）**「疑問文の語順」**になることです。

※倒置になっても英文の「意味」は変わりません。

「if 省略」で起きる倒置の流れ（仮定法過去・仮定法過去完了）

(1) If s were ～ , S would 原形

※ If が消えて，were が前に出るだけ

Were s ～ , S would 原形

(2) If s had *p.p.*, S would have *p.p.*

※ If が消えて，had が前に出るだけ

Had s *p.p.*, S would have *p.p.*

Were I not so busy, I would definitely attend your party.
それほど忙しくなかったら，絶対に君のパーティーに参加するのになあ。

Had I started studying earlier, I wouldn't have been so anxious during the test.
もっと早く試験勉強を始めていたら，試験中あんなに不安にならなくて済んだのになあ。　※ anxious「不安な」

「if 省略」で起きる倒置の流れ（未来の仮定法）

(3) If s should 原形, 命令文など

※ If が消えて，should が前に出るだけ

Should s 原形, 命令文など

今回の英文は Should you ～ と始まっていますが, これは should を使った仮定法が倒置された形です。「仮定法の目印は if」と考えていると, こういった if が消えたパターンに対応できないのです。

018

もし何か質問がございましたら, お気軽にお問い合わせください。

CHAPTER 03

(4) If s ~~were~~ to 原形, S would 原形
　　　　　　　　　　※ If が消えて, were が前に出るだけ
　~~Were~~ s to 原形, S would 原形

　今回の英文 (Should you have any questions, don't hesitate to contact us.) は, 前項で扱った If you should have any questions, ～ の倒置バージョンです。If が省略されて, 倒置 (should you の語順) になっているわけです。
　大学受験では, 「**should を使った仮定法」は倒置の形で出題されることがすごく多い**です (今回の英文はビジネス英語でもそのまま使われます)。

※ don't hesitate to ～「遠慮せず～して, 気軽に～して」(⇒ p.167)

➕ⓐ 「倒置＆後置」のパターン

　倒置の英文は, 従属節→主節の順番 (Were s ～, S would ...) に限らず, 現実には**「倒置した副詞節が"後ろ"にくる」**パターンもよく見かけます。

　My sister and I would each have our own room were our house bigger.
　うちの家がもっと大きかったら, 姉と私はそれぞれ自分の部屋を持てるだろうになあ。

※本来は, My sister and I would each have our own room if our house were bigger. (副詞 each が間に割り込んでいる)／従属節が後ろに置かれたときは「コンマはなくても OK」(were, had, should の前にコンマを入れても入れなくても OK)

重要ポイント **should を使った仮定法の倒置 "Should s 原形, 命令文" は超頻出！**

19 if 節の代用表現

I was tired and fell asleep right after I got home.
Otherwise, I **would** have replied to your e-mail.

□ 「if なし仮定法」を見抜く

仮定法の公式が崩れた例として、「**if 節そのものが変形・消去する**」パターンも多いです。この場合は、「**助動詞の過去形に反応**」→「**仮定法を予想**」→「**if 節の代用表現を探す**」というステップで考えます。

---

if 節の代用表現（if 節が簡略化されたもの）
(1) if 節 → 副詞になる
　① with／without　② to 不定詞　③ 副詞（時・場所など）
　④ otherwise
(2) if 節 → 名詞になる　頻出形：A ＋ 名詞 would 〜
(3) if 節が完全消滅する

---

(1) if 節 → 副詞になる

I wouldn't have succeeded without the support of my family.
家族のサポートがなければ，私は成功しなかったでしょう。

※助動詞の過去形 would を見て仮定法を予想 → without が「if 節の代わり」だと判断
／ if my family had not supported me という if 節が without 〜 になったイメージ

otherwise が if 〜 の代わりになるパターンも頻出です。「そうでなければ」という訳語だけを覚えるのではなく，「**if 節の代用**」だと意識してください。

---

otherwise の頻出形
　SV ; otherwise, S would 〜 ／ SV . Otherwise, S would 〜
　直説法 otherwise 仮定法
※訳はどちらも「SV だ。もしそうでなければ〜だろうに」／コンマの有無は任意

→ 今回の英文の otherwise と would have replied を見て、何を考えれ
ばいいのでしょうか？ 英文が伝える内容を、「事実」と「事実ではないこ
と」を意識しながら考えてみてください。

◀) 019

疲れて、家に帰ったらすぐ寝ちゃったよ。そうじ
ゃなきゃ、メールに返信してたんだけどね。

今回の英文は "SV . Otherwise, S would 〜" のパターンです。普通の文
（直説法＝事実）の後に otherwise を置くことで、そこからが仮定法（事実
ではないこと）になります。if I had not been tired and fallen asleep right
after I got home を、**otherwise 1語に凝縮した**イメージです。

※機械的に「そうでなければ」と訳すより、if 節の代用だと意識して「もし帰宅後、疲れ
てすぐに寝てしまわなければ」と考えたほうが、意味が鮮明になります。長文読解で難
しい内容のときに役立ちますし、otherwise に下線が引かれて、何を指しているか説明
する問題が出ることもあるので、普段から「if 節の代用」だと意識しておきましょう。

If I had not been tired and 〜, I would have replied to your e-mail.

↓　　　※ if 節が otherwise 1語に

Otherwise, I would have replied to your e-mail.

➕@ 「(2) if 節 → 名詞になる」「(3) if 節が完全消滅する」のパターン

A Japanese person wouldn't put avocado in sushi.

日本人なら寿司にアボカドを入れないよ。

※ A + 名詞 would 〜「もし名詞なら〜するだろうに」

I would have baked a cake, but I didn't know you were coming.

君が来ると知っていたらケーキを焼いたんだけど、知らなかったんだ。

※「もし君が来ると知っていたら」という if 節の内容が完全消滅／「もし君が来ると
知っていたら、ケーキを焼いたのに（妄想）、実際には君が来ると知らなかったからケー
キを焼かなかった（現実）」ということ

語句　right after 〜　〜のすぐ後に・直後に　※ right が after 〜 を修飾

重要ポイント　「if は消えるもの」と心得て、
「助動詞の過去形」に反応する！

(1) without「〜がなければ」のバリエーション

① if it were not for 〜「(今)〜がなければ」　※仮定法過去
② if it had not been for 〜「(あのとき)〜がなかったら」　※仮定法過去完了
③ but for 〜　※時制(仮定法過去 or 仮定法過去完了)は主節の動詞で判断する

　実際には「倒置」の形でもよく使われます。if it were not for 〜 → were it not for 〜，if it had not been for 〜 → had it not been for 〜 もしっかり意識してください。

Without my scholarship, I couldn't have afforded to go to university.
= If it had not been for my scholarship, I couldn't have afforded to go to university.
= Had it not been for my scholarship, I couldn't have afforded to go to university.　奨学金がなかったら，大学に行く余裕はなかっただろう。
※ scholarship「奨学金」／ afford to 〜「〜する余裕がある」

(2) It is time s 過去形「もう〜する時間だ」

It is time {that} s 過去形「もう sv する時間だ」
　※ time の前に，about「そろそろ」や high「とっくに」がくっつくことも多い

It's time we went to bed.　もう私たちは寝る時間だよ。

(3) if I were you「もし僕が君だったら」のバリエーション

① in your place　　② in your shoes　　③ if I were in your shoes

If I were in your shoes, I would take the job offer.
僕があなたの立場だったら，その仕事のオファーを受けるだろう。
※直訳「もし僕があなたの靴を履いていたら」→「もし僕があなたの立場なら」

(4) I wish 〜「〜ならなあ」　※ありえないことを願う

① I wish {that} s 過去形「今〜ならなあ」　※主節 wish と「同時制」の妄想
② I wish {that} s had p.p.「あのとき〜だったらなあ」　※主節より「1つ前」
③ I wish {that} s could 原形「今〜できればなあ」　※可能のcanが過去形could になっただけ

I wish you were here.　あなたがここにいてくれたらなあ。
※「願う」と「あなたがここにいる」が同時制 → 過去形 were

I wish you had told me earlier.　もっと早く言ってくれればよかったのに。
※「願う」よりも「あなたが言う」は1つ前の時制 → had p.p.

CHAPTER 04

助動詞

このCHAPTERでは以下の内容がスラスラと言えるようになります。
（※答えは本編各見開きの右下「重要ポイント」で確認してください）

20 助動詞willの核心と用法

> A: What's wrong?
> B: Well, my boyfriend **won't** reply to my messages.

☐ will はパワー全開

will の核心は「**100％必ず〜する**」で，実は非常にパワフルな単語なんです。辞書で名詞の will をチェックすれば「意志，決意，遺言」と載っています。「遺言」だって「こうしてほしい！」という，死後に影響を及ぼす強烈な意志ですよね。名詞 will が持つこの「強さ」は，助動詞 will にも引き継がれて，「100％必ず〜する」という力強い意味になるのです。

---

will の意味　核心：100％必ず〜する
(1) 意志「〜するつもり」
(2) 推量「〜するはず，きっと〜だろう，〜するでしょう」
(3) 習慣・習性「〜する習慣・習性がある」
(4) 拒絶「（否定文で）絶対に〜しない」

☐ 各用法を「必ず〜する」で捉えなおす!

will には「意志，推量，習慣・習性，拒絶」の意味があると言われますが，ネイティブがこんなことを一生懸命暗記しているとは思えませんよね。文法書に羅列されている用法を，核心「100％必ず〜する」から確認していきましょう。

(1) 意志「〜するつもり」

I'll be back in 10 minutes.
10分後に戻ってくるよ。

「〜するつもり」という訳語は OK ですが，その中には「必ず」という強い気持ちが込められていることを意識してください。

→ will はよく「～するつもり，～でしょう」と習いますが，今回の英文の won't reply to を「返信しないでしょう」と訳しては，話者の気持ちが伝わりません。どんな意味になるか考えてみましょう。

◀))020

A：どうかしたの？
B：それが, 彼氏がメッセージに返信してくれなくて。

(2) 推量「～するはず，きっと～だろう，～するでしょう」

The bread will be ready to come out of the oven in 20 minutes.
あと 20 分したら，パンがオーブンから焼きあがりますよ。
※直訳「パンは 20 分後にオーブンから出る準備ができるはず」

確信があって「必ず～するはず」と言いたいときに使えます。場合によっては「～するはず」→「～するでしょう」と訳すときもありますが，実際には（この訳語から受ける印象ほど）弱いものではありません。

(3) 習慣・習性「～する習慣・習性がある」

Sliced apples will turn brown quickly when they are exposed to air.
スライスしたリンゴは，空気に触れるとすぐに茶色くなる。

こういった文でも，いちいち「この will の用法は…」なんて考えずに，「必ずすぐに茶色くなる」だけで十分です。さらに will の「習性」の意味を知っていて，それを強調したいときに「習性がある」などとすればいいわけです。

(4) 拒絶「(否定文で) 絶対に～しない」

否定文で，「100% ～しない」→「絶対に～しない」というだけです。今回の英文では「彼氏がどうしても返信してくれない」と表しているわけです。この「拒絶」の用法は入試頻出で，人以外が主語になった My car won't start.「車のエンジンが (どうしても) かからない」のパターンが文法問題などで狙われることもあります。

※ちなみに，A の What's wrong? は直訳「何が悪いの？」→「どうかしたの？」という大事な会話表現です (これは会話問題やリスニングで頻出)。

重要ポイント **will の核心は「100% 必ず～する」！**

CHAPTER 04

63

21　助動詞may・mustの核心と用法

> Earthquakes **may** happen, but as long as we are
> prepared, we will be fine.

■ may は「50%」

may は**「50% 半々」**の感覚をおさえてください。オススメ度 50％なら「〜してもよい」，予想 50％なら「〜かもしれない」となります。

※もちろん言葉なので，50％ジャストである必要はありませんが，目安として「50％半々」と理解しておくと，英文のニュアンスがリアルに伝わってきますよ。

> **may の意味　核心：50%半々**
> **(1) 許可**「〜してもよい」　　※オススメ度「50％」
> **(2) 推量**「〜かもしれない」　※予想「50％」

(1) 許可「〜してもよい」

You may turn in your essay early if you want.
早めに作文を提出しても構いません。　※「希望すれば早めに提出してもよい（けど，別に早めに提出しなくてもいい）」というニュアンス／ turn in「提出する」

(2) 推量「〜かもしれない」

今回の英文（Earthquakes <u>may</u> happen）は**「地震が起こるかもしれないし，起こらないかもしれない」**というニュアンスです。さらにその後の we <u>will</u> be fine では，will の核心「100％必ず〜する」から，**「準備しておけば絶対に大丈夫」**というニュアンスを感じ取れますね。

※ as long as 〜 は「〜する限り」という従属接続詞です（⇒ p.50）。

■ must は「それしかないでしょ！」

must は**「グイグイと背中を押されるようなプレッシャーから，もうこれ以上，他には考えられない」**→**「もうそれしかないでしょ！」**という感覚です。

→ 今回の英文で使われている may はどれくらいの「かも」を伝えていると思いますか？　日本語の「かも」はかなり幅広く使えるあいまいな表現ですが，英語の may には違った感覚があるのです。

◀) 021

地震が起こる可能性はありますが，準備さえしておけば大丈夫です。

---

must の意味　核心：それしかないでしょ！
(1) 義務「〜しなければならない」　　※「それをするしかないでしょ！」
(2) 推定「〜に違いない，きっと〜だ」　※「そう考えるしかないでしょ！」

(1) 義務「〜しなければならない」

You must keep this a secret.

このことは秘密にしておいてください。

※「他の行動は考えられず，秘密にしておくしかないでしょ！」→「秘密にしておかなければならない」

(2) 推定「〜に違いない，きっと〜だ」

He isn't answering his phone. He must be in a meeting.

彼は電話に出ないんです。きっと会議中なのでしょう。

※「彼は会議中以外に考えられない」→「きっと会議中だ」

補足　**must と have to の否定文に注意**

have to は must と同じく「義務・推定」で，There has to be a way to get out of this place.「ここを脱出する方法が何かあるはずだ」のように使えます。ただし，否定文では must not は**「禁止（〜してはいけない）」**，don't have to 〜 は**「不必要（〜する必要がない）」**という異なる意味になります。

You must not waste time.

時間を無駄にしてはいけない。

重要ポイント　**may は「50% 半々」，
must は「それしかないでしょ！」**

22 助動詞canの核心と用法

> You **can't** be with Mio now. She's supposed to be
> in Canada this week.

■ can の核心は「いつでも起こる」

> **can の意味　核心：いつでも起こる**
> (1) 可能「〜できる」
> (2) 許可「〜してもよい」／（疑問文）申し出「〜しましょうか？」
> (3)（疑問文）依頼「〜してくれる？」
> (4) 可能性「ありえる」

(1) 可能「〜できる」

> Martine can speak German fluently.
> マルティーヌはドイツ語がペラペラだ。

　核心「いつでも起こる」→「（やれと言われればいつでも）できる」ということです。上の英文は「"ドイツ語を流ちょうに話す"という行為はいつでも起こる」→「（話せと言われればいつでも）流ちょうに話せる」ということなのです。

(2) 許可「〜してもよい」

> You can turn off your camera if you want.
> カメラをオフにしても大丈夫ですよ。　※ビデオ通話で

　「可能」の延長で、「君は〜できる」→「（できるから）〜していいよ」と相手に**許可**を与えるときにも使えます。

(3)（疑問文）依頼「〜してくれる？」

> Can you pass me the salt?
> 塩，取ってくれない？
> ※ Can you 〜？「あなたは〜できますか？」→「（できるなら）〜してくれる？」

→ can はあまりにも「できる」の印象が強いのですが，今回の英文の can't を「できない」と考えると不自然です。実際によく使われる今回の用法がどんな意味になるか考えてみてください。

◀)） 022

君が今ミオと一緒にいるはずがないよ。彼女は今週カナダにいることになっているから。

(4) 可能性「ありえる」

Hurricanes can cause a lot of damage to buildings.
ハリケーンは建物に大きな損害を与える可能性がある。

核心「いつでも起こる」→「いつでも起こりえる」→「ありえる」となります。「実際にはわからないけど，理論上ではいつでも起こる可能性があるぞ」という意味を持ちます。上の英文は「"ハリケーンが大きな損害を与える"という事態は，いつでもどこでも起こるんだよ」ということです。

可能性の can を深める

可能性の can は，**疑問文「〜がありえるだろうか？」**（強い疑いを表す），**否定文「ありえない，〜のはずがない」**（推定の must「〜に違いない」の逆）でもよく使われます。

たとえば，疑問文 Can it be true? は「それは本当だということがありえるだろうか」→「それ，本当かなあ？」です。否定文 It can't be true. は「それは真実のはずがない」で，この表現は会話問題でもよく問われます。

今回の見出しの英文は可能性の can を使った否定文で，You can't be with Mio now.「君が今ミオと一緒にいるはずがないよ」です。このように，**can の後に be がきたら，まずは「可能性」の意味から考えてみてください**（それで文脈に合わなければ他の意味を考えるのが効率的です）。

※2文目の be supposed to 〜 は「〜と思われている」→「〜することになっている，〜する予定だ」という重要表現です。

重要ポイント　**can't be は，まずは「ありえない」と考える！**

23 助動詞wouldの核心と用法

> During the COVID-19 pandemic, I **would** often binge-watch Netflix shows.

☐ まずは「仮定法」，次に「will の過去」を考える

　助動詞の過去形（特に would, could）を見たら，最初に考えるべきは**「仮定法」**でしたね（⇒ p.52）。それを踏まえた上で「仮定法ではない would」（つまり単なる過去に言及する would）の意味をチェックしていきましょう。

---

would の意味　核心：仮定法／ will の過去（必ず～した）
(1) メインの用法（仮定法の影響を受けている）
　① 仮定法「～だろうに」　※「ありえないこと」に使う（⇒ CHAPTER 03）
　② 遠回しの丁寧表現（Would you ～ など）　※「ありえそうなこと」に使う
　③ 推量・婉曲「～だろう」　※「ありえそうなこと」に使う
(2) 過去形としての用法　※「必ず～した」
　① 過去の習慣「（よく）～したものだ」　※ often, sometimes をよく伴う
　② 過去の拒絶「（否定文で）どうしても～しようとしなかった」
　③ will の過去形　※単なる「時制の一致」で使われる

---

(1) メインの用法：①仮定法／②遠回しの丁寧表現／③推量・婉曲

　①の場合は仮定法そのもので，②③の場合は「仮定法の影響を受けている」といえます。would like to ～「～したいものだ」は，would に**「もしよろしければ（～したいのですが）」**というニュアンスが入ることで丁寧になっています（want to ～ は場合によっては子どもっぽい印象を与えることがある）。

> I'd like to purchase a ticket for the guided tour of the Renaissance painting exhibition.
> ルネサンス絵画展のガイド付きツアーのチケットを購入したいのですが。

→ would を見たら「仮定法」を考えるのが大原則ですが，この英文での would はどんな意味か，いつのことなのかを考えてみてください（ちなみに binge-watch は「一気見する」という動詞）。

◀》 023

新型コロナウイルスが世界的に流行していたときは，よく Netflix の番組を一気見してたなあ。

It would be difficult to learn two foreign languages at the same time.
2 つの外国語を同時に学習するのは大変だろう。　※推量・婉曲／ will「〜するはず」の意味に「もしかしたら」が含まれてちょっと遠回しな感じになる

(2) 過去形としての用法：①過去の習慣／②過去の拒絶／③ will の過去形

これは単純に will「100％必ず〜する」の過去形なので，would を「100％必ず〜した」と考えれば OK です。今回の英文から，often をカットした I would binge-watch は「100％必ず見た」と捉えられるかもしれません。しかし実際に「365 日見た」は非現実的なので，**would の直後に often, sometimes などをくっつけて，100％から少し妥協した形で使われることがほとんど**です。今回も would often 〜「よく〜したものだ」となっていますね。

※直後の binge-watch「一気見する」は，コロナ禍に非常によく使われ，すでに入試の語彙問題でも出題されています。pandemic「パンデミック，世界的な流行病」もチェックを。

過去の拒絶の用法は，否定文で **wouldn't 〜「100％必ず〜しなかった，どうしても〜しなかった」となる**だけですね。

入試問題で確認

次の空所に入る最も適切な選択肢を 1 〜 4 から選びなさい。
The horse stopped and (　　) move an inch.
1. shouldn't　　2. dare　　3. ought　　4. wouldn't　　（獨協大）

（解答 4）馬は立ち止まり，まったく動こうとしなかった。

重要ポイント　would を見たらまずは「仮定法」，過去の意味では「100％必ず〜した」と考える！

24 助動詞couldの核心と用法

> The stock market **could** collapse, so investors
> need to be cautious.

☐ can に「もしかしたら」が含まれる

> **could の意味**　核心：もしかしたら can
> **(1) メインの用法**（仮定法の影響を受けている）
> 　① 仮定法「〜できたろうに」　※「ありえないこと」に使う（⇒ CHAPTER 03）
> 　② 遠回しの丁寧表現（Could you 〜など）　※「ありえそうなこと」に使う
> 　③ 可能性「(ひょっとしたら)〜することがありえる・かもしれない」
> **(2) 過去形としての用法**
> 　① 過去の可能「〜できた」　※ was[were] able to 〜 との違いに注意
> 　② can の過去形　※単なる「時制の一致」で使われる

(1) メインの用法：①仮定法／②遠回しの丁寧表現／③可能性

　could は can に仮定法（のニュアンス）が込められたものなので，「もしか
したら can」となります。Can you 〜?「〜してくれる？」→ Could you 〜?
「〜してくださいませんか？」のように，could を使うと **「もしかしたら，も
しよろしければ」が込められる分だけ丁寧になる**わけです。

> I'm sorry to ask you this, but could you come to work this Saturday?
> 恐れ入りますが，今週の土曜，仕事に出ていただけませんか？
> ※前半の直訳「あなたにこれをお願いするのは申し訳ないのですが」

　可能性の could「(ひょっとしたら)〜することがありえる・かもしれない」
も大変重要です。助動詞の過去形を見たら **「仮定法」** を考えるのが原則です
が，could の場合は **「可能性」** の意味も大切なんです（辞書によっては，could
の一番目にこの意味が載っていることさえあります）。特にニュースや理系
的なテーマ（科学・医学など）では可能性の can や could が多用されます。

→ could を見たら「できた」を思い浮かべがちですが，今回の英文で「株式市場が崩壊できた」では意味が通りません。「できた」よりもはるかに重要な用法をマスターしていきましょう。

◆) 024

株式市場が崩壊する可能性があるので，投資家は慎重であるべきだ。

今回の英文（The stock market <u>could</u> collapse）でも，could は**「可能性」**の用法で「株式市場が崩壊することがありえる」という意味です。決して「過去」ではなく「これから」のことを伝えているのです。

> ※慶應大（医学部）の長文問題では，「まだ起きていないものの今後ありそうなこと」を問う設問が出て，この意味の could に注目することで該当箇所が見つかるということもありました。超難関大の長文でも，こういった文法事項がポイントになるのです。

否定だと「ありえない」の意味になる点も重要です。It couldn't be true. は「そんなことはありえない，それは真実のはずがない」で，It can't be true.（⇒ p.67）と同じ意味と考えて OK です。

➕ⓐ **「できた」に could が使えない場合**　※左ページ (2) ①の用法

could は「できた」と最初に習いますが，実際にはマイナーな用法です。could は「もしやろうと思えばいつでもできた」という意味でしか使えず，**「（ある場面で１度だけ）できた！」というときに could は使えない**のです。

「そのチケットをゲットできた！」

（×）I could get the tickets!

※「取ろうと思えばいつでも取れた」になってしまう

（○）I was able to get the tickets!

※ was[were] able to 〜「〜できた」／ managed to 〜「なんとか〜できた」や succeeded in -ing「うまいこと〜できた」なども OK

語句　stock 名 株／market 名 市場／collapse 動 崩壊する／investor 名 投資家／need to 〜 〜する必要がある／cautious 形 慎重な

重要ポイント　could は「仮定法」以外に「ありえる」も重要！

25 助動詞mightの核心と用法

> The painting you bought **might** be a fake.

□ "might ≒ may" と考える

might は形式上は may の過去形ですが，実際には「**may の代用**」として使われます（つまり might は may 同様に**現在**の意味）。"**might ≒ may**" と考えて OK なのです。たとえば Ron might be busy right now.「ひょっとするとロンは今忙しいのかもしれないね」では，right now「今」とあることからも，might が「過去」を表していないことは明らかですね。might が「～かもしれなかった」という過去の意味で使われることはほとんどないのです。

※厳密に言えば may に仮定法のニュアンス「もしかしたら」が加わって，「（50％はいかないけど）もしかしたら・ひょっとしたら」という感覚で使われます（この may と might の微妙な差が入試で問われることはありません）。

might は「控えめな may」という感覚で，may 同様に 2 つの意味を持ちます。

---

might の重要な意味　核心：もしかしたら may
(1) 推量「もしかしたら～かもしれない」
(2) 許可「もしかしたら～してもよい」→「～したら？」（提案）

※仮定法「～だろうに」（ありえないことに使う），may の過去形（単なる「時制の一致」で使われる）もありますが，重要度がかなり低いので割愛します。

今回の英文（The painting you bought <u>might</u> be a fake.）では，might は「推量」の意味です。後ろに**状態動詞（特に be）があるときは「推量」系の意味になることが多い**です。

※ The painting {which/that} you bought と関係代名詞が省略されています（⇒ p.224）。

→ might の意味は何でしょうか？ might は may の過去形と教わるので「〜かもしれなかった」と思いがちですが，実際にその意味で使われることはほぼないのです。

◆) 025

> あなたが買ったその絵は偽物かもしれませんよ。

☐ 共通テストでも重要な might

共通テストのリスニングでも以下のように使われました。

> In the dormitory? That <u>might</u> work. But I heard one student got a roommate who was a native French speaker, and they never talked.
> 寮で？　それはいいかもね。でも，ある生徒がフランス語のネイティブスピーカーとルームメイトになったけど，一切会話をしなかったって話を聞いたことがあるわ。
> ※ dormitory「寮」／ work「うまくいく」

助動詞 might の正しい感覚を理解していれば，この部分の内容理解を問う選択肢の The dormitory offers the best language experience.「寮は言語に関して最も良い経験をさせてくれる」は自信を持って×だと判断できます（本文の might と選択肢の best が明らかに合わない）。

※同じ年の第 2 日程のリスニングでも，1 つの会話に might が 2 回出てきました。might の感覚はセンター試験（共通テストの前身）でも何度も問われているのです。

➕ⓐ 会話問題でよく出る You might[may] want to 〜

You might want to 〜 は，直訳「あなたはもしかしたら〜したいと思うかもしれません」→「（そう思うなら）〜してみてはいかがでしょうか」という**丁寧な提案表現**です。相手に行動を押しつけず，遠回しなので丁寧な雰囲気が生まれます（2024 年の共通テストでも出ていました）。

> You might want to consult a lawyer before signing the contract.
> 契約書にサインする前に弁護士に相談したほうがいいかもしれません。
> ※ consult「意見を求める，相談する」／ lawyer「弁護士」／ contract「契約」

重要ポイント　**might は「もしかしたら may」と考える！**

26 助動詞shouldの核心と用法

> Brian **suggested** that the meeting **be held** online instead of in person.

□ should の基本用法（2つの意味）

should の核心は**「本来ならば〜するのが当然」**で、"行動"に対して使えば「〜すべきだ」、"状況"に対して使えば「〜のはずだ」となるだけです。

> **should の意味**　核心：本来ならば〜するのが当然
> **(1) 義務・忠告**「（当然）〜すべき」　**(2) 推量・推定**「（当然）〜のはず」

> You should restart your computer.　パソコンを再起動したほうがいい。
> Connie should be at the airport by now.　コニーは空港にいる頃だろう。

□ should の特別用法（仮定法現在の代わりに使う）

「提案・主張・要求・命令・決定」を表す動詞がきたら、その動詞の目的語になる that 節中では"should 原形"か"原形"を使うというルールがあります。

> **基本形：S Ⅴ that s should 原形／原形**　※ Ⅴ の部分に入る動詞
> ●**提案**：suggest・propose「提案する」／ recommend「勧める」
> ●**主張**：urge・advocate「主張する」
> ●**要求**：request・require・demand・insist「要求する」／
> 　　　ask「頼む」／ desire「願う」※ command の婉曲
> ●**命令**：order・command「命じる」／ advise「忠告する」
> ●**決定**：decide・determine「決定する」／ arrange「取り決める」

Aoi insists that Momo pay her the money right now.
アオイは、モモが今すぐお金を払うことを要求している。
※ insist の that 節中では 3 単現の s がつかない原形 pay

➡️ 今回の英文の that 節中では，the meeting が主語なのに，動詞でいきなり be held という形（原形 be）がきています。なぜこんなことが起きているのでしょうか？

> ブライアンは，対面でなくオンラインでミーティングを開催することを提案した。

苦労する受験生がとても多いので，以下の 2 点から整理していきます。

(1) この形をとる動詞の特徴：すべて**「命令」という意味がベース**になっています。たとえば「提案（suggest）」＝「優しい命令」，「決定（decide）」＝「度がすぎた命令」と考えられますね。「命令」が根底にあると意識すれば，呪文のように「提案・主張・要求…」なんて覚える必要はないのです。

(2)「that 節の中が should 原形 or 原形 になる」理由
① "should 原形" のパターン（イギリス語法）：命令内容は「まだ現実に起きていない」（反事実）ので，**「仮定法の should」**を使うという発想です。
② "原形" のパターン（アメリカ語法）：**命令系統の動詞がきたら that 節の中も命令文にする**，というだけです。that 節の後なので主語は必要ですが，動詞自体は命令文と同じ（動詞の原形）です。

※従来は「that 節の中は should 原形か，should が省略されて原形がくる」と説明されましたが，助動詞 should が省略されるなんてことはなく，単なるこじつけです。

今回の英文（Brian suggested that the meeting be held ～）では，主節の動詞が suggest なので，that 節中では原形 be が使われています（should be でも OK）。このように that 節中で「いきなり出てくる be」が文法問題でよく狙われます。

※ちなみに，instead of ～「～の代わりに，～ではなく」の後ろに in person「直接，対面で」という副詞句がきていますが，これはよくあるパターンです。

重要ポイント 「命令」系統の動詞が使われたら，
　　　　　　　that 節中は「命令文」→「原形」と考えよう！

27 would vs. used to ～

There **used to** be a famous painting on the wall,
but someone stole it.

□ used to ～ の2つの意味

助動詞（would など）と助動詞の代用表現（used to ～ など）は，違いが
ささいなものと，違いや使い分けが重要なものがあります。まずは使い分け
が問われる would と used to ～ をしっかり解説していきます。

---

used to ～ の意味
● **基本形**：used to 原形　　※ used は「ユースト」[júːst] と発音
● **2つの意味**　①過去の習慣「よく～したものだ」　※ used to + 動作動詞
　　　　　　　　②過去の状態「昔は～だった」　※ used to + 状態動詞

People used to listen to music on CDs, but now many people stream
music on their phone.
昔は CD で音楽を聴いていたが，今はスマホでストリーミングで音楽を
聴く人が多い。　※「過去の習慣（よく～したものだ）」

今回の見出しの英文は There is ～「～がある」に used to が割り込んだ形
です。be「ある」は状態動詞なので used to は**「過去の状態」**の意味で，**There
used to be ～「昔は～があった」**となります。「過去の習慣」で捉えて，何
となく「絵画があったものだ」と訳してはいけないのです。

---

used を使った表現の3パターン
(1) used to 原形 ……「よく～したものだ」「昔は～だった」
(2) be used to -ing ‥‥「～するのに慣れている」　※ to は前置詞（⇒ p.174）
(3) be used to 原形 …「～するために使われる」
　　※単なる受動態 + to 不定詞（副詞的用法「～するために」）

→ used to ～ はどういう意味で覚えていますか？　何となく「よく～したものだ」とだけ覚えていると，今回の英文では誤訳になってしまいます。would と used to ～ をセットで整理していきましょう。

以前，壁には有名な絵画が飾ってあったが，誰かに盗まれてしまった。

Solar panels are used to make electricity from sunlight.
ソーラーパネルは，太陽光から電力を生み出すために使われる。

※ (3)の形／立教大学の和訳問題(カーリングの話)では，Brushes are used to smooth the ice in front of the moving stone.「動いているストーンの前の氷を滑らかにするためにブラシが使われる」が出た（この smooth は動詞）。

☐ would vs. used to ～

	would　※主観的	used to ～　※客観的
過去の習慣「よく～したものだ」	○（不規則な習慣）	○（規則的な習慣）
過去の状態「～だった」	×	○
過去と現在の「対比」	×	○

would は「主観的」→「不規則な習慣」（気分でやったりやらなかったり）となります。主観的で気持ちが入るので，回想「昔はよく～したなあ」の感じが出るのです。

一方，used to ～ は「客観的」→「規則的な習慣・過去の状態」を表し，（客観的に）「過去と現在を対比」できます。今回の見出しの英文では used to ～ が「過去の状態」を表していたわけですが，この代わりに would は使えないのです。また，「以前は絵画が飾ってあったが，今は盗まれてしまった」と対比されていますね。

重要ポイント　used to ～ の「状態」の意味に注意！

28 will vs. be going to 〜

A: Can you please fill out this survey?
B: Sure! I'll fill it out right away.

☐ その場で決める will

確かに will と be going to 〜 は「未来の動作を示す」のは同じですが, この2つの使い分けはライティングなどで重視されるようになってきました。これも「主観 or 客観」の視点から考えていきましょう。

助動詞 will は**主観的**なので「**単なる予測, その場でパッと思ったこと**」を表し,「じゃあ〜するよ」と言いたいときにピッタリです。たとえば, メニューを見てその場で注文する商品を決めた場合, I'll have a large café latte. 「ラージサイズ（L サイズ）のカフェラテをください」のように言います。

今回の英文でも「アンケートに記入してくれる？」に対して, **その場で「今から記入するね」**と決めて発言していますね。そのため, I'll fill it out right away. と will が使われているのです。

※ fill out「記入する」という熟語の間に代名詞 it が挟まれています。“動詞＋副詞”の形をとる熟語は「目的語が代名詞の場合, その代名詞を（動詞と副詞で）挟む」というルールがあります。たとえば fill out the survey は OK ですが, 代名詞の場合は必ず fill it out とする必要があるわけです。

☐ すでに決まっている be going to 〜

代用表現 be going to 〜 は**客観的**で,「**すでに予定として決まっていること／現在の兆候（どちらも客観的な事実）に基づいた予想**」に使います。be going to 〜 は見た目が「進行形」なので,「to 〜 の状況に向かって今現在進行している」ニュアンスがあり, 何かしらの根拠があるときに使うわけです。

I am going to have an operation this Thursday.
今週の木曜日, 手術を受ける予定です。

※病院での手続きなど, 手術に向けて諸々のことが進んでいるイメージ

→ 中学では will ≒ be going to ～ と習うこともありますが，今回の英文にある I'll ～ の代わりに，I'm going to ～ を使うと不自然です。その理由を「主観 or 客観」の視点から解説していきます。

◀) 028

A：このアンケートに記入してくれる？
B：いいよ！　今，回答するね。

入試問題で確認

次の会話文を読んで，下線部①〜②を英語に訳しなさい。

美　咲：もしもし，メラニー？ ①金曜の夜，ジェーンと一緒に食事に行くんだけど，一緒に来ない？

メラニー：ありがとう。でも金曜は都合が悪いんだ。残念だなあ。

美　咲：じゃあ，日にちを変えようか？ ジェーンと私は木曜でも大丈夫だよ。

メラニー：木曜は私も大丈夫だと思うんだけど，②念のため予定を確認して，折り返し連絡するね。

(愛媛大)

① （解答例 I'm going to go to dinner with Jane on Friday night. Why don't you join[go with] us? ／ Do you want to join[go with] us?）

※「あらかじめ予定として決まっていること」なので be going to ～ を使います（will を使うと不自然）。もしくは be going to ～ の代わりに「進行形で予定を表す」用法（I'm going to dinner with ～）を使っても OK です（⇒ p.20）。

② （解答例 I'll check my schedule just in case and call you back.）

※美咲の発言を受けて，その場で「予定を確認して連絡する」と決めているので will を使います（be going to ～ を使うと不自然）。「念のため」は just in case という表現です（ここでは従属接続詞ではありません）。ちなみに電話での会話なので，「折り返し連絡する」は call 人 back「人に折り返し電話する」を使うのが自然です。

重要ポイント　I'll ～ は「その場で決めたこと」，
　　　　　　　I'm going to ～ は「予定として決まっていること」
　　　　　　　に使う！

29 「予想」系の助動詞 have *p.p.*

> There's no milk in the refrigerator. My mother
> **must've forgotten** to buy some.

□ 助動詞 have *p.p.* は2つのグループで考える

助動詞 have *p.p.* はすべて**「過去に意識が向いた」**発想が根底にあります。全部で6パターンありますが，まずはざっくりと「予想グループ」（①②③）と「イヤミグループ」（④⑤⑥）に分けて整理してください。

予想	① may have *p.p.* 「～だったかもしれない」≒ might have *p.p.*
	② must have *p.p.* 「～だったに違いない」
	③ can't[cannot] have *p.p.* 「～だったはずがない」 　≒ couldn't have *p.p.*
イヤミ	④ should have *p.p.* 　「～すべきだったのに（イヤミ）」 　　　　　　　　　　　「～したはずだ（予想）」
	⑤ ought to have *p.p.* 「～すべきだったのに（イヤミ）」 　　　　　　　　　　　「～したはずだ（予想）」
	⑥ need not have *p.p.* 「～する必要はなかったのに」

※⑥は問題集に必ず載っていますが，入試ではほぼ出題されません

どちらのグループも「過去へ向いた気持ち」という点では同じで，**「過去への気持ち→過去への予想」**と**「過去への気持ち→過去へのイヤミ」**となります。
※厳密に分けると④⑤が2つのグループにまたがるのですが，それは次項にて。

□ 「過去への予想」グループ

全体像を確認した上で，「予想」系を確認していきます。予想する内容は**「過去」**のことで，予想をしている（頭を働かせている）のは**「今」**です。**「(過去に)～だったと，(今)予想する」**となります。

今回の英文 must've forgotten は "must have *p.p.*" という形ですが，何となく「〜しなければならなかった」と訳すとミスになります。"助動詞 have *p.p.*" は精密に理解しておく必要があります。

◀)) 029

冷蔵庫に牛乳がない。きっと母が買い忘れたのだろう。

She must be sick.
（今）彼女は病気に違いない。　※「今」のことを，「今」予想

She must have been sick.
（過去に）彼女は病気だったに違いない。　※「過去」のことを，「今」予想

　今回の見出しの英文は **must have *p.p.*「〜したに違いない」**が使われ，My mother must've forgotten to buy some.「母が買い忘れたに違いない」です。今回の must've のように短縮形で使われることもよくあります。

　※ forget to 〜「〜するのを忘れる」（⇒ p.178）／この some は some milk「いくらかの牛乳」のことで，milk は「切っても OK」→「不可算名詞」（⇒ p.89）

☐ ここでの may ／ must ／ can't は「予想」の意味

　よくあるミスが，must have *p.p.* を「しなきゃいけなかった」，can't have *p.p.* を「できなかった」と訳してしまうものです。でもこれらの表現はあくまで**「予想」**なんです。

He can't have seen Sana in Osaka yesterday. She is still in the U.S.
彼が昨日，大阪でサナに会ったはずがない。彼女はまだアメリカにいるのだから。
※（×）can have *p.p.* という形は英語に存在しない

You might've heard this already, but Gabriella passed away.
もう聞いたかもしれないけど，ガブリエラが亡くなりました。
※ pass away「亡くなる」

重要ポイント　"助動詞 have *p.p.*" は「過去のことを，今予想する」表現！

30 「イヤミ」系の助動詞 have *p.p.*

> You **shouldn't have taken** a selfie with a stranger
> without their permission.

□ 「過去への後悔・イヤミ」グループ

"助動詞 have *p.p.*" の2つ目のグループとして「イヤミ」を扱います。should have *p.p.* と ought to have *p.p.* は，普通は「過去への後悔を表す」と説明されます。それでもいいのですが，**「(過去の動作に今) イヤミを言う」**と考えたほうがイメージが湧きやすいでしょう。「〜すべきだったのに (バカだなあ)」という感じです。もちろん必ずしもイヤミったらしくなるわけではなく，以下のように自分に対しての後悔を表す場合にも使えます。

> I should've seen a doctor. 医者に診てもらうべきだったなあ。

この2つは否定文でもよく使われます。**should not have *p.p.* ／ ought not to have *p.p.* 「〜すべきじゃなかったのに」**となります。今回の英文では，短縮形 (shouldn't have *p.p.*) で，You shouldn't have taken a selfie with 〜「あなたは〜と自撮りすべきじゃなかったのに」となっています。

※ without their permission は「彼ら [知らない人] の許可なしに，勝手に」です。このように不定の人を they で受けることはよくあります。

入試問題で確認

> W: How was the concert yesterday?
> M: Well, I enjoyed the performance a lot, but the concert only lasted an hour. （以下略）
> 問：What does the man think about the concert?
> ① It should have lasted longer.
> ② It was as long as he expected.
> ③ The performance was rather poor.
> ④ The price could have been higher.
> （共通テスト）

→　今回は should have *p.p.* がポイントになります。「いつのこと」に対して「いつの気持ちなのか」を考えながら読んでみてください。

🔊 030

知らない人と勝手に自撮りすべきじゃなかったのに。

（解答 ①）女性：昨日のコンサートはどうでしたか？　男性：そうですね，演奏はとても楽しかったけれど，コンサートは1時間しかなかったです。
問：男性はコンサートについてどう思っているか。
① それはもっと長く続くべきだった。　② それは彼が期待した通りの長さだった。　③ 演奏がかなり下手だった。　④ 値段はもっと高くてもよかった。

※男性は「コンサートは1時間しかなかった」と言っている（実際にはこの後に「高い料金を払う価値がなかった」とも続けている）ので，「もっと長く続くべきだった」という選択肢①が正解です。

🞢α　should, ought to は「過去への予想」もある

　ここまでは「予想グループ」と「イヤミグループ」で大きく2つに分けて解説しましたが，厳密には should have *p.p.* と ought to have *p.p.* は両方のグループに属します。メインの仕事は「イヤミ（〜すべきだったのに）」ですが，たまに「予想（〜したはずだ）」でも使われます。

> Ryo should have brought his phone charger. Let's ask him if we can borrow it.
> リョウは携帯の充電器を持ってきたはずだ。借りられるかどうか聞いてみよう。

※1文目だけだと「充電器を持ってくるべきだったのに」と考えるのが普通ですが，2文目からここでは「過去への予想」の意味だと判断します。

語句　selfie 名 自撮り／ stranger 名 見知らぬ人／ permission 名 許可

重要ポイント　**should have *p.p.* は「〜すべきだったのに」（イヤミ）が重要！**

ここも CHECK! 04　助動詞相当表現／助動詞の慣用表現

(1) ought to の意味　※ should = ought to と考えて OK（実際には should のほうがよく使われる）

> ① **義務**「～すべき」　　② **推量**「～のはずだ」

The electric blanket I bought online ought to arrive tomorrow.
オンラインで購入した電気毛布は，明日届くはずだ。　　※推量「～のはずだ」の意味

The children ought not to stay out late without their parents' permission.
子どもたちは親の許可なしに，遅くまで外にいるべきではありません。
※否定文では not の位置に注意が必要で，ought not to ～「～すべきでない」となる／実は「not は to 不定詞の前に置く」という原則通り（⇒ p.162）／permission「許可」

(2) had better の意味

> **had better** 原形 「～したほうがよい（そうでないと後で大変だよ）」

had better ～ は「～したほうがよい」と訳されるのでソフトな感じだと誤解されますが，実は **「でないと後で大変だよ，やらないとマズいぞ」** という気持ちが隠れています。特に You に対して使えば「かなり強いアドバイス・警告」で，オーバーに言えば「脅迫」とも言えます。

You had better lose weight, or you might get diabetes.
痩せなよ。じゃないと糖尿病になるかもしれないんだよ。
※ had better が強い意味になる証拠として，このように "命令文, or ..."「～しなさい。さもないと…」と同じように使える／diabetes「糖尿病」

You'd better not make the bear angry.
クマを怒らせてはいけませんよ。
※否定文では not の位置に注意が必要で，had better not 原形 「～しないほうがよい」となる（今回は短縮形で You'd = You had）／「原形の前に not がくる」という理屈から考えれば OK

(3) may・might を使った熟語

> ① may well ～「～するのももっともだ」「きっと～だろう」
> ② may[might] as well ～「～してもいいだろう」
> ③ might[may] as well ～ as ...「…するくらいなら～するほうがましだ」

You might as well throw your money into the sea as lend it to him.
彼に金を貸してやるくらいなら海に捨てるほうがましだよ。
※直訳「海に金を捨てるのは，彼に金を貸すのと同じかそれ以上に，十分によろしい」→「彼に金を貸すのは，海に投げ捨てるようなものだ／彼に金を貸すくらいなら，海に捨てるほうがましだ」

CHAPTER 05

冠詞・名詞／代名詞

このCHAPTERでは以下の内容がスラスラと言えるようになります。
（※答えは本編各見開きの右下「重要ポイント」で確認してください）

31 the は「〔　　　　〕」できるときに使う

32 「〔　　　　〕」「〔　　　　〕」な名詞は数えない

33 baggage, luggage, furniture など「〔　　　　〕」系の名詞は
数えない

34 work は「〔　　　　〕」の意味では不可算名詞，「〔　　　　〕」の意味
では可算名詞

35 「一般の人，人は誰でも」を表すときは〔　　　　〕を使う

36 「ラスト１つ」には〔　　　　〕，「おかわり」には〔　　　　〕を使う

37 「～する人もいれば，…する人もいる」は〔　　　　〕の形を使う

38 that・those は前置修飾・後置修飾のうち「〔　　　　〕」のみ OK

39 「２つ」には〔　　　　〕，〔　　　　〕，〔　　　　〕を，「３つ以上」には
all, any, none を使う

40 almost の品詞は「〔　　　　〕」

31 定冠詞theの核心と用法

> A: Do you have **the** time?
>
> B: Let me see. It's a quarter to nine.

□ the は「共通認識」

「最初に出てきた名詞には a, 2回目からは the」と習うことも多いのですが, Open the window. ではいきなり the が出てきて, このルールは成り立ちませんよね。そこで the の核心は**「共通認識」**と考えてください。あなたと私（そこに居合わせた人みんな）で「共通に認識できる」ものに the を使うという発想です。言い換えれば, **みんなで「せ〜の…」と一斉に指をさせるなら the を使う**わけです。もちろん膨大な数の the のすべてをこの発想だけで理解できるわけではないのですが, 大半の用法は一瞬で解決します。

参考 the の様々な用法

(1) The sun rises in the east.
「太陽は東から昇る」

(2) Open the door, please.
「ドアを開けてください」

(3) Asia is the largest of the seven continents.
「アジアは7つの大陸のうち一番大きい」

(4) Mei bought a new smartwatch. The watch looks nice.
「メイは新しいスマートウォッチを買った。その時計は素敵だ」

---

(1) 文法書では「天体の the ／方角の the」と呼ばれますが,「太陽を指してみましょう」と言われれば, みんなで指をさせますね。そのため the sun となるわけです。the moon, the earth も同じ発想です。

さらにこの文には the east もあります。方角に関しても「東を指してください」と言われたら, みんなで指をさすことができますね。

※「東はどっち？」という人はいるかもしれませんが,「どの東？」とは聞きませんね。

今回の英文の Do you have the time? を「時間ある？」と思ってしまうと，話がかみ合いません。まったく違う意味になるのですが，解説では「the があるだけで違いが生まれる理由」を説明していきます。

◀) 031

A：今，何時かわかりますか？
B：えっと，9時15分前（8時45分）です。

(2) 部屋にドアが1つしかない，もしくはどのドアを指すか（言った人と言われた人が）共通認識できるときは（1回目の単語でも）the をつけます。

(3)「最上級には the がつく」と習いますが，「一番〜だ」と言えば共通認識できるので the がつくわけです。「序数（the first, the second ... the last）」に the がつくのも同じ発想で，「3番目の」と言えば共通認識できますね。

(4) 最初は「特定」できないので a new smartwatch です。次の文では特定できる（聞き手にも「メイが買った新しいスマートウォッチ」だとわかる）ので，「話し手と聞き手が共通認識できる」→「the がつく」わけです。

☐ 会話表現も「共通認識」から理解できる

Do you have time? は単に「今, 時間ありますか？」ですが，Do you have the time? は「今，何時かわかりますか？」という意味になります。

the time は「今ここにいるみんなで共通認識できる時間」→「共有している時間」→「現時刻」となりました。Do you have the time? は「現時刻（the time）を何らかの手段で持って（have）いますか（持っていたら教えてください）？」→「今，何時かわかりますか？」となるのです。

返答の It's a quarter to nine. も大事で，直訳「9時に向かって（to nine）あと15分（a quarter）」→「9時15分前（= 8時45分）」となります。

※ quarter は本来「4分の1」で，「1時間の4分の1」→「15分」の意味があります。

國學院大学では，「時間，わかりますか？」「5時15分前です」に合うものとして，"Do you have the time, please?" "It's a quarter to five." を選ぶ問題が出ました。今回の英文をマスターしておけば，一瞬で解けますね。

重要ポイント　the は「共通認識」できるときに使う！

32 不可算名詞の2大イメージ

Against the **advice** of her friends, Saki decided to change jobs and become a virtual reality developer.

□ 不可算名詞の2大イメージ

　日本語では「1個，2冊，3枚，4本，5台，6人，7匹，8羽，9頭，10点」とあの手この手で数えますが，英語では**「数えない名詞」**という発想があります。数えない名詞（不可算名詞）は**「ハッキリした形がない」**名詞です。ハッキリした形がないパターンは，「目に見えない」「切っても OK」の2つです。

(1)「目に見えない」から数えない

　目に見えないからハッキリした形がないという発想です。「advice や news は目に見えない」→「ハッキリした形がない」→「不可算名詞」となります。

※これはあくまで大きな特徴で例外もあります。可算・不可算は難しいのですが，逆に言えば，ハッキリと可算・不可算が言い切れるものしか入試には出ないわけです。

不可算名詞の特徴 (1) 目に見えない（だからハッキリした形がない）

情報系：information「情報」／ news「ニュース，知らせ」／ advice
　　　　「アドバイス」／ feedback「反応，意見」／ research「調査」

仕事系：work「仕事」／ homework「宿題」／ housework「家事」

利害系：fun「楽しみ」／ progress「進歩」／ damage「損害」／ harm「害」

その他：traffic「交通量」／ behavior「行動」／ room「空間，余地」

　今回の英文 Against the advice of her friends では，friends は複数形なので「複数の友達」からもらったアドバイスだとわかりますが，**advice は「目に見えない」→「不可算名詞」なので複数の s はつかない**わけです。

　また，「仕事」系は目に見えると思うかもしれませんが，たとえば homework で見えるのは「（宿題の）テキスト」などであって，「宿題そのものは目に見えない」という発想です。

→ 今回の英文は friends から「複数の友達」からもらったアドバイスだとわかりますが, advice には複数の s はついていません。こういった advice のような名詞にはどんな特徴があるのでしょうか?

◀) 032

友達のアドバイスに反して，サキは転職し，VR開発者になることに決めた。

入試問題で確認

> 次の日本文に合うように，下線部に適切な英語を書きなさい。
> 私たちの先生は毎週宿題をたくさん出す。
> Our teacher _____.　　　(学習院大)

(解答例 Our teacher gives us a lot of homework every week.)

※「宿題をたくさん出す」→「私たちにたくさんの宿題を与える」と考えて，give 人 物「人に物を与える」の形にします。homework は「不可算名詞」なので複数の s は不要です。「たくさんの」は可算・不可算の両方に使える a lot of が便利です。

(2)「切っても OK」だから数えない

「切っても OK」→「ハッキリした形がない」→「不可算名詞」と考えてください。切ってもそれ自体の性質が失われないもの（切ってどんな形になろうが OK）で，具体的な形がイメージできないために不可算名詞となります。

不可算名詞の特徴 (2) 切っても OK（だからハッキリした形がない）

water「水」／ tea「お茶」／ wine「ワイン」／ sugar「砂糖」／
butter「バター」／ cheese「チーズ」／ bread「パン」／
rice「米」／ paper「紙」／ chalk「チョーク」

語句　change jobs 転職する（⇒ p.93）／ virtual reality 仮想現実・VR ／
developer 名 開発者

重要ポイント　「目に見えない」「切っても OK」な名詞は数えない！

33 「ひとまとめ」系の不可算名詞

> Proceed to the **baggage** claim area to pick up your **luggage**.

□ baggage の本当の意味

英英辞典で baggage を引いてみると，bags や suitcases と説明されています。つまり baggage は**「荷物ひとまとめ」**という意味で，元から**「複数」の概念を含んでいる**ので，ここにさらに複数の s や冠詞 a はつけないわけです。luggage もまったく同じ発想で「荷物ひとまとめ，荷物一式」を表す不可算名詞です。今回の英文でも luggage に複数の s などはついていませんね。

※ baggage claim area「手荷物受取所」は，飛行機から降りて空港でぐるぐる回っている荷物を受け取る場所のことです。また，pick up は本来「拾い（pick）上げる（up）」で，ここでは「自分の荷物を拾い上げる」→「受け取る」の意味で使われています。

□ その他の「ひとまとめ」系の名詞

furniture も同様の発想で**「家具ひとまとめ」**を表します。furniture = chairs + tables + beds ... ということなのです。「新生活を始めるときの家具一式」というイメージを持ってもいいでしょう。

> Many university students rent apartments that come with furniture.
> 多くの大学生は家具つきのアパートを借りる。
> ※ come with ～「～がついている」

「ひとまとめ」系の名詞

baggage・luggage「荷物一式」／ furniture「家具一式」／
money「お金全般」／ cash「現金全般」／ mail「郵便物一式」／
equipment「設備一式」／ clothing「衣類」／ merchandise「商品群」／
scenery「風景全体」※ scene（景色）は可算名詞

→ baggage, luggage の意味はどう覚えていましたか？　また，どんな特徴があるか知っていますか？　ここでは丸暗記ナシで理屈を解説していきます。

◀) 033

手荷物受取所までお進みいただき，お荷物をお受け取りください。

すべて「ひとまとめ，一式，〜類」など集合的に捉えるべき名詞で，不可算名詞扱い（a や -s はつかない）になります。受験生が見落としがちなのが equipment です。「**設備一式，装置類，機器類全般**」を総称的に表す不可算名詞で，TOEIC テストの影響で大学入試でも非常によく出題されるようになりました。

Some equipment in the factory will be replaced in January.
1 月に工場内の一部の機器を入れ替える予定です。
※直前の some につられて複数の s をつけないように注意／replace「交換する」

入試問題で確認

次の文において，間違っている箇所を 1 つ選び，その間違いを正しく直しなさい。誤りがない場合は⑤と答えなさい。
We weren't ①familiar with ②the equipments, so ③it took time to
④adjust the temperature in the room. ⑤NO ERROR　　　　（早稲田大）

（解答 ② the equipments → the equipment）
私たちはその設備について詳しくなかったので，部屋の気温を調整するのに時間がかかった。

　※ equipment は不可算名詞なので，複数の s は不要です。ちなみに，③にある time も「時間」という意味では「目に見えない」→「不可算名詞」です。／be familiar with 〜「〜に詳しい」／adjust「調整する」

重要ポイント　baggage, luggage, furniture, money, equipment など「ひとまとめ」系の名詞は数えない！

34 可算・不可算で意味が変わる名詞

> The artist's early **works** are mostly realistic,
> whereas her later **works** are more abstract.

□ 意味によって変わる可算・不可算

　意味によって可算・不可算が変わる名詞もあります。中でも特に入試でよく狙われるのが，paper，work，room の 3 つです。

---

(1) paper　① 「紙」　※不可算名詞（← 切っても OK）
　　　　　　　② 「レポート・論文・新聞紙」 ※可算名詞（← 切ったら NG）
(2) work　① 「仕事」　※不可算名詞（← 目に見えない）
　　　　　　　② 「作品」　※可算名詞（← 切ったら NG）
(3) room　① 「部屋」　※可算名詞（← 目に見える）
　　　　　　　② 「空間・スペース／余地」 ※不可算名詞（← 目に見えない）

---

　paper は「紙」の意味では不可算名詞です。たとえばコピー用紙は本来とても大きい紙を A4 などのサイズに裁断したもので，これは**「切っても OK」**という発想です。一方，「レポート・論文・新聞紙」の意味なら可算名詞になります。「切っても OK →不可算名詞」の発想を裏返せば，**「切ったら OK じゃない」→「不可算名詞じゃない」→「可算名詞」**と考えられるわけです。

> Riko published two papers on child psychology while she was in
> graduate school.
> 大学院にいるときに，リコは児童心理に関する論文を 2 つ世に出した。

　work は「仕事」の意味であれば**「目に見えない」→「不可算名詞」**でしたね。
　一方，work は「作品」の意味なら，ハッキリした形があって**「切ったら OK じゃない」→「不可算名詞じゃない」→「可算名詞」**となります。英文では2 つの work が共に「作品」の意味なので，works となっているわけです。
　※英文全体は SV, whereas sv.「SV だ。一方で sv だ」という形です（⇒ p.39）。

→ work は「仕事」の意味では不可算名詞でしたが，今回は2回出てくる work が両方とも複数形（works）になっています。ここでの work の意味と特徴を考えてみてください。

◀） 034

その芸術家の初期の作品は大部分が写実的なものだが，後期の作品はより抽象的だ。

補足 複数形がポイントになる熟語

名詞自体は無数にありますが，大学入試で狙われるパターンは限られています。特に「必ず複数形で使う熟語」は注意が必要です。たとえば make friends with ～「～と友達になる」では，**「友達になるには複数の人間（相手と自分）が必要」**という感覚から，必ず複数形（friends）になります。

「複数形」に注意する熟語　※どれも「複数でないと成立しない行為」
□ make friends with ～「～と友達になる」
□ shake hands with ～「～と握手する」
□ change trains「電車を乗り換える」
□ change jobs[careers]「転職する」
□ change[exchange] seats with ～「～と座席を交換する」
□ take turns {in} -ing「交代で～する」　※前置詞は省略されるのが普通
□ be on 形容詞 terms with ～「～とは形容詞の関係だ」
　※形容詞には good, excellent, speaking「話をする（関係）」など

Although Haruto and Ema broke up, I heard they are still on good terms with each other.
ハルトとエマは別れたけど，今でも良好な関係だと聞いたよ。

語句　mostly 副 大部分は（⇒ p.124）／ realistic 形 写実的な／ abstract 形 抽象的な

重要ポイント　work は
「仕事」の意味では「目に見えない→不可算名詞」，
「作品」の意味では「切ったらNG →可算名詞」！

35 「一般の人」を表す代名詞

> If **you** study abroad, **you** can not only improve
> your foreign language skills but also broaden
> your horizons.

☐ 「みんな」には you を使う

　ライティング・スピーキングでは「一般の人，普通の人たち」を表す場合に we, they, one ばかりを使う受験生が多いものです。しかし現実の英語の世界でよく使われて，しかも便利なのは you なんです。

「一般の人」を表す代名詞

① you ·····「総称の you」と呼ばれる用法（一番よく使う）

② we ······ 話者を含んだ特定集団

③ they ··· we と対をなすもの（「店員・業者」「一般人の噂」のときに使う）

④ one ···· 書き言葉で堅苦しい（論文では使うことも）

　辞書で you を引いてみると，「あなた，あなた方」以外に，「**人は誰でも，みんな**」という意味が載っています（「総称」という見出しで）。「**総称の you**」は強調されないので大半の受験生が知らないのですが，実際には入試，日常会話，広告のキャッチコピー，ことわざなど，様々な場面で使われるのです。

> You can see Mt. Fuji from this room.
> この部屋から富士山が見えます。
> ※総称の you は訳出しないことも多い

　今回の英文（If you study abroad, you can not only ～）でも，目の前にいる「あなた」という特定の人に対してだけでなく，「人々は留学すれば，～できる」と一般的な「留学のメリット」を述べるときにも使えるのです。自由英作文でも重宝するので，このまま書けるようにしておくといいでしょう。

→ 今回の英文で使われている you はどんな意味でしょうか？　目の前に
いる「あなた」に向かって言っている以外にも，もう1つ他の可能性があり
ます。どんな場面で使えるか考えてみてください。

留学すれば，外国語の能力を向上させるだけでな
く，視野を広げることもできる。

◀) 035

※ちなみに，can の否定形は can't か cannot が普通（2語に分けない）ですが，ここで
　は not only *A* but also *B*「*A*だけでなく *B* も」があるため，can not になっています。

□ we と they は「対立集団」を想定する

　「一般の人」を表す we は「（対立集団を意識して）私たちの集団」という
ときに使います。たとえば「（昔の人々と比べて）我々現代人は」「（動物と比
べて）我々ヒトは」といったときです。もし，対立構造なしにいきなり we
を使うと，聞き手にはその we がどの集団を指すのかわからなくなります。
そして「we と対立する集団」に they を使います。現代人に対して「昔の
人々」，ヒトと比べて「動物」などに they を使うわけです。

　※この意識を持っていると，長文を読んでいるときに，「あ，この we は『現代人』のこ
　　とね」など，ネイティブの感覚が理解できるようになりますよ。

✚α　和訳問題でもポイントになる

　「総称の you」は和訳問題で自然な日本語にするときにも役立ちます。たと
えば，You can't buy friendship. を日本語に訳してみてください（お茶の水女
子大学で出題）。この you は総称なので，**「誰でも」**と訳すか，**そもそも訳しま
せん**。もし「あなたは友情を買うことはできない」とすると，まるで「（あな
た以外の）他の人なら買える」かのようにも聞こえてしまうので不自然です。

　※解答例：友情はお金では買えない。

　語句　study abroad 留学する／ broaden 動 広げる／ horizon 名 （通例複数形で）視野

重要ポイント　「一般の人, 人は誰でも」を表すときは you を使おう！

36 the other vs. another

I have two pairs of glasses. One is for reading and **the other** is for looking at something far away.

☐ the other と another は「the と a の違い」

「もう1つ［1人］」と言いたいとき，the other と another の使い分けが必要になりますが，これは「the と a の違い」に注目すれば簡単です。

「2つだけ」の場合

「3つ以上」の場合

2冊の本が目の前にあるとして，最初の1冊を one を使って取り上げると，残り1冊はどの本を指すか**「特定できる」**ので the other となります（共通認識の the）。今回の英文では，2つのメガネのうち1つ（one）は読書用，もう1つはどれか「特定できる」ので the other を使っていますね。

※メガネは「レンズが2つ」ということで，複数形 glasses で使うのが基本です。数えるときは a pair of 〜，two pairs of 〜 を使います。

3つ以上あるときは，1つ目に one を使っても，2つ目はどれを指すか**「特定できない」**（まだ残りが複数あるときに「もう1個」と言っても，どれを指すか「共通認識」できない）ので the は使えません。代わりに a（an）を使った another になります。another の正体は **"an + other"** なんです。

I already have a smartphone, but I'm thinking of buying another {one}.

もうスマホを持ってるけど，もう1つ買おうと思ってるよ。

※世の中にはまだまだたくさんのスマホがあるので，「もう1つ」には another が使われる／代名詞（another 単独）で使っても，形容詞（another 名詞）で使っても OK

→ 「もう1つ」を表す the other と another の使い分けは，文法問題でも英作文でも頻出です。今回の英文では the other が使われていますが，その理由を the に注目して考えてみてください。

◀） 036

メガネを2つ持っています。1つは読書用，もう1つは遠くを見る用です。

結局，the other と another の違いは「the と a の違い」，つまり「共通認識できるか否か」なのです。「ラスト1つ」には the other，「おかわり」には another とまとめることもできます。

☐ another が使えないとき

よく「another には冠詞がつかない／後ろには単数形が続く」というルールを丸暗記させられるのですが，実は成り立ちを考えれば一瞬で解決します。"another = an + other" と知っていれば，（×）the an other world（冠詞が連続）も，（×）an other boys（an と複数の s）もアウトだとわかりますね。

※あくまで理解しやすいように分解しているだけで，実際に分解した形（an other）で使うわけではありません。

➕ⓐ another の後ろに「複数形」がくる場合

例外的に "another 数量" のときだけは「複数形」がきても OK です。たとえば another 10 minutes「あと10分」の場合，"10 minutes" が「10分で1セット（の単数扱い）」とみなされるので another の後ろにきても OK なんです。

I don't think we should start the meeting without Naoto. Let's wait another 10 minutes.
ナオト抜きで会議を始めるべきではないと思います。もう10分待ちましょう。

重要ポイント 「ラスト1つ」は the other，
「おかわり」は another！

37 the others vs. others

Many students attend a cram school to prepare for entrance exams, but **others** study by watching videos online.

☐ 「残り」の表し方

「残り」を表す the others と others は使われる場面が違いますが，**「the がつくか？」**→**「共通認識できるか？」**という視点で考えれば OK です。

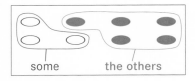
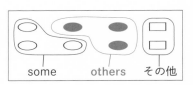

上の図（左側）で，たとえば 8 枚入りのクッキーがあるとします。「3 枚（some）食べたら残りは何枚？」という質問にはみんなで「5 枚」と言えますね。**「特定・共通認識できる」**ので，「残り」は the others になるわけです。

Some of my friends took the train, and the others took the bus.
友人の何人かは電車に乗り，残りの人はバスに乗った。
※ the others があることで「電車に乗った人以外は全員バスに乗った」とわかる

次に右側の図です。8 枚のうち 3 枚（some）は普通のクッキーの場合，「チョコチップクッキーの数は？」と言われても**「特定できない」**ので，the はつかない others で表します（複数の s はつく）。今回の英文では「塾に通う学生」「オンラインで勉強する学生」以外にもいろいろな学生がいると考えられます。特定できないため the がつかず，others が使われているわけです。

※もし the others にすると，この世に「塾に通っている学生とオンラインで動画を見て勉強する学生しか存在しない」ことになってしまいます。

「残り」を表す the others と others を区別する必要があります。今回の英文では others が使われていますが，なぜ the がないのか，そしてどういうことを表すのかを考えてみてください。

◀) 037

多くの学生は入試の準備のために塾に通っているが，オンラインで動画を見て勉強する学生もいる。

☐ 和訳問題や英作文で重宝する発想

「文頭の Some は『〜な人もいる，〜なものもある』と訳すと自然になる」と知っておくと，和訳問題で重宝します。

Some people watch YouTube frequently while others don't watch it at all.

YouTube を頻繁に見る人もいれば，まったく見ない人もいる。

英作文では「〜する人もいれば，…する人もいる」から，**Some people 〜 while[and/but] others ...** を書かせる問題が頻出です。

入試問題で確認

きちんと時間を守る人もいれば，約束の時間にほとんどいつも遅れる人もいる。 (愛知大)

(解答例 Some people are {always} punctual[on time], while[and/but] others are almost[nearly] always late {for their appointments}.)

※日本文「〜する人もいれば，…する人もいる」に注目して，Some people 〜 while[and/but] others ... の形にします。「時間を守る」は punctual や on time，「ほとんどいつも」は almost always とすれば OK です。

語句　cram school（日本の）塾・予備校／ entrance exam 入学試験

重要ポイント　**Some people 〜, while others ... の形を使いこなそう！**

38 it vs. one vs. that

> The population of Japan is declining steadily while **that** of the Philippines is increasing.

■ it, one, that の判別3パターン

判別のポイント ＼ 代名詞	it	one	that [those]
① 特定 or 不特定	特定	不特定	特定
② 前置修飾 or 後置修飾	両方 NG	両方 OK	後置のみ OK
③ 可算名詞 or 不可算名詞	両方 OK	可算のみ OK	両方 OK

① 特定 or 不特定 ― どちらを受けるか？

☑ it：**「特定」**の名詞を受け，**「ズバリそれっ！」**という感じです。今みなさんが読んでいるこの本は書店には何冊もありますが，「みなさんが持っている」という意味では世界に１冊ですよね。この「前に出てきた名詞そのものを指すズバリ感／指紋がついたイメージ」に it を使います。

　That's a nice picture. Where did you take it?
　それ，素敵な写真ですね。（それを）どこで撮ったんですか？

☑ one：**「不特定」**のものを指します。みなさんがこの本を読んでいるときに，友達が「私もそれ持ってるよ」と言ったときは「不特定」（たくさんある同種類の中の１つ）ですね。「同じ種類のそれ」というイメージです。

　I didn't see any pandas. Did you see one?
　パンダ，１頭も見えなかった。見えた？

☑ that：「それ，あれ」という意味で，**「特定」**の意味そのものですね。

② 前置修飾 or 後置修飾 ― どちらが可能か？

☑ it：前置修飾（前からの修飾）も後置修飾（後ろからの修飾）どちらもできま

→ 今回の英文の that は何を表しているでしょうか？ 特に文法問題や英作文では「それ」と訳される it, one, that の区別がよく問われるので，3つの観点から整理していきます。

◀) 038

日本の人口は着実に減少している一方で，フィリピンの人口は増加している。

せん。そもそも，（×）good it のような形は見たことありませんよね。

☑ **one**：前置修飾はよく使われます（this one, a small one などの形を見たことがあるでしょう）。また，**後置修飾もアリ**で，the one in the box「箱に入っているもの」となります（後置修飾による the がつきます）。

☑ **that**：前に修飾語はきません（that は語源が the と同じなので，the の前に形容詞がこないのと同じ理屈）。ところが，**後置修飾はアリ**で，that of ～「～のそれ（と同じもの）」の形がよく使われます。

今 回 の 英 文 は │that│ of the Philippines ＝ │the population│ of the Philippines のことで，that の後ろから of the Philippines が修飾しています。ちなみに，英文全体は SV while sv.「SV だ。その一方で sv だ」の形です。

③ 可算名詞 or 不可算名詞 ─ どちらを受けるか？

☑ **it** ／ ☑ **that**：共に可算・不可算の両方を受けられます。この点に関しては，it も that も参考程度で OK です。大事なのは次の one です。

☑ **one**：one は**「可算名詞だけ」**を受けます（不可算名詞は NG）。one はそもそも「1」なので，「1, 2, 3…」と数えられるものだけを受けるわけです。たとえば，Which do you like better, red wine or white {wine}?「赤ワインと白ワイン，どっちが好き？」では，wine は不可算名詞なので（×）white one は NG です。white で終える（反復を避ける省略）か white wine とします。

語句 population 名 人口／ decline 動 減少する／ steadily 副 着実に

重要ポイント **that of ～, those of ～ という「後置修飾」に慣れておこう！**

39 2 vs. 3以上で考える代名詞

There are two ski resorts near here, but **neither** has opened for the season yet.

☐ 2つのものに all は使えない

英語の世界で「1 vs. 2以上」の考え方（単数・複数の区別）は有名ですが，実は「**2 vs. 3以上**」という考え方もあり，both, either, neither は「2つ」の場合にしか使われません。一方，all, any, none は「3以上」の場合に使います。

	2	3以上
「すべて」という表現 ※否定文では「部分否定」	both 「両方」	all 「全部」
選択表現 ※否定文では「全体否定」 ※肯定文での意味に注意	either 「どちらか，どちらでも」	any 「どれか，どれでも」
否定表現	neither 「どちらも〜ない」	none 「どれも〜ない」

※「部分否定」や「全体否定」については p.126

I was supposed to attend two meetings this afternoon, but both were canceled.
今日の午後に2つの会議に出席することになっていたが，どちらも中止になった。　※「2つの会議」なので both

☐ either の細かい意味

either の3つの意味　※(1) は副詞，(2) は形容詞・代名詞，(3) は形容詞
(1)「どちらか」　※ either A or B「A か B のどちらか」が有名
(2)「どちらの〜でも」　※肯定文で主語として使う

→ all や any が「2 つのもの」に使えないことは，あまり知られていません。今回の英文でも neither の代わりに似た意味の none を使うのは不自然です。「2 vs. 3 以上」という考え方から整理していきます。

この近くにスキー場が 2 つあるのですが，どちらも今シーズンはまだ開いていません。

(3)「どちらも」 ※直後に「対になる語（side, end, hand など）」があるときだけ

A: Would you like coffee or tea?　　B: Either will do.
A：コーヒーか紅茶はいかが？　　B：どっちでも（OK です）。
※ (2) の用法で，「コーヒーと紅茶のどちらでも OK」ということ／do は今回のように「OK，大丈夫」という感じでよく使う

The houses on either side of the river were flooded.
川の両側の家が洪水に遭った。
※ (3) の用法で either side「両側」を表す／flood「氾濫させる，水浸しにする」

□ none の詳述

　2 つのことに触れて「どちらも〜ない」には neither を使います。今回の英文では two ski resorts と two があるので，neither が使われているわけです。
　一方，3 つ以上に触れて「どれも〜ない」には none を使います。none は「**no の代名詞バージョン**」（no には代名詞の用法がない）というイメージで，以下のように none of 〜「〜のうちどれも…でない」の形でよく使われます。

There are four Italian restaurants in town, but none of them is [are] open for lunch.
町にはイタリア料理のレストランが 4 軒あるのだが，どれもランチ営業はしていない。　※ none of them は本来は単数扱いだが，後ろの複数名詞につられて複数扱いになることも

重要ポイント　「2 つ」には both, either, neither を，
　　　　　　　「3 つ以上」には all, any, none を使う！

CHAPTER 05

40 代名詞most, 副詞のalmost

> **Almost all of** the items on the menu contain some kind of animal products, so our boss won't eat them.

☐ 重要ポイント (1)「品詞」からの視点

まずは one や most などと，almost を分けて考えていきます。

(1) one / some / many / most / all など：「形容詞」と「代名詞」の用法

 ⓐ **形容詞**：形容詞は名詞を修飾するので「形容詞と名詞・代名詞は相性が良い」のです。<u>many</u> boys「多くの少年」の many は形容詞です。

 ⓑ **代名詞**："代名詞 + of 〜" の形でよく使われます。<u>many</u> of the boys「その少年たちの中の多くの少年」では，many「多くの少年」は代名詞です。many が変化した most も同じく，「形容詞」と「代名詞」を持ちます。

(2) almost：「副詞」

 ⓐ 副詞 almost は名詞を修飾しない …… (×) almost 名詞

 ⓑ almost に代名詞用法はない ………… (×) almost of 〜

✛α　almost は all・everything などなら修飾できる

- 「元は形容詞」の代名詞なら修飾 OK：almost all boys の all は形容詞なので OK，almost all of the boys の all は代名詞ですが，例外的に修飾 OK です（all は元々が形容詞なので almost との相性が良いと考えてください）。

- 「一部に形容詞を残す単語」なら修飾 OK：everything, everyone は（every の部分が形容詞なので）修飾 OK です（他に nothing なども同様）。

☐ 重要ポイント (2) of の有無を考える

A of *B* で「*B* の中の *A*」という意味になるとき，"部分集合 of 全体集合" の関係になります。たとえば one of the boys / some of the boys / many of the boys / most of the boys で，of の前の単語が「部分」を，後ろの単語が「全体」を表します（この of を「部分の of」と呼びます）。

今回の almost all of the items は, almost of the items や most of items だとミスになります。かなりまぎらわしく文法問題や英作文でミスが多いポイントですが, こういったことを, 3つの視点からスッキリ説明します。

メニューのほぼすべてに何らかの動物性食品が含まれているから, うちの上司は食べないよ。

それに対して, both of the boys, all of the boys のときは「部分集合 = 全体集合」となります。*A* of *B* が A = B になり, of がイコールの役割になっています。このとき**「イコールの of は省略可能」**となるのです。

(○) all of the boys = all the boys
(○) both of my parents = both my parents

今回の英文では, Almost が all を修飾し, Almost all of the ～ となっています (all は「元が形容詞」の代名詞なので修飾 OK)。さらにこの of は「イコールの of」なので省略可能で, Almost all {of} the items on the menu contain ～ と考えることができます。

※ちなみに, ここでの some kind of ～ の some は「何らかの, ある」という意味です (≒ certain)。また, 英文後半の意味は「上司はヴィーガン (完全菜食主義者)」ということです。

☐ 重要ポイント (3)「特定名詞」という考え方

A of *B*「B の中の A」の形で, 部分の of の後ろには**「特定名詞」**がきます。特定名詞とは, **the + 名詞** (one of <u>the</u> boys) /**所有格 + 名詞** (one of <u>my</u> friends) /**代名詞** (one of them) の3パターンです。たとえば(○) most of the items は OK ですが, (×) most of items は NG となるのです。

> **重要ポイント** **almost は副詞/イコールの of /特定名詞という視点から整理する!**

ここも CHECK! 05　冠詞 a ／ almost のまとめ

□ "a" のいろいろな意味

　共通認識できるときは the を使いますが（⇒ p.86），a についてはそれを裏返して「共通認識できない」，つまり「**たくさんある中の 1 つ**」に使います。そこから派生した以下の 3 つの意味をチェックしておきましょう。

> **(1)「ある 1 つ」**　※「たくさんある中の 1 つ」→「ある○○」
> 　in a sense「ある意味」
> **(2)「〜につき」**　※「(1 つずつを考えた結果) 1 つにつき」
> 　once a week「1 週間につき 1 度」
> **(3)「ある程度の」**　※「1 つに思えるほどのカタマリ」
> 　Just a moment.「ちょっと待って」
> 　※ a moment の直訳は「一瞬」

□ 副詞 almost の重要ポイント

　p.104 で most や almost の使い方を「品詞・イコールの of・特定名詞」という 3 つの視点から整理しました。文法問題で超頻出ですし，英作文でもとてもミスが多いところなので，副詞 almost の重要ポイントをまとめておきます。

> **(1) 原則：almost は「副詞」**
> 　① 名詞修飾不可　　　　　（×）almost people
> 　② 代名詞の用法はない　（×）almost of the boys
> **(2) 例外：「形容詞関係」の単語は修飾 OK**
> 　① 元は形容詞の単語（all, any など）
> 　② 一部に形容詞を残す単語（everything など）
> **(3) almost all 〜 の判別**
> 　（○）almost all of the boys　※ almost は代名詞 all（元は形容詞の単語）を修飾できる
> 　（○）almost all the boys　　　※イコールの of は省略可能
> 　（○）almost all boys　　　　　※形容詞 all が boys を修飾している
> 　（×）almost all of boys　　　　※ of の後ろは特定名詞(the boys など)がくる必要あり

Almost all of the trains in Japan are electric, but most of the trains in Shikoku run on diesel.

日本の電車のほぼすべては電気で動いていますが，四国では大半の電車がディーゼル燃料で動いています。

※文頭の Almost all of the trains では，Almost が all（元は形容詞の単語）を修飾／後半の most of the trains では，most は代名詞として使われている（部分の of の後ろは特定名詞 the trains）

CHAPTER 06

形容詞／副詞／
否定／疑問

この CHAPTER では以下の内容がスラスラと言えるようになります。
（※答えは本編各見開きの右下「重要ポイント」で確認してください）

41 convenient は [   ]「日時」は「人」にとって都合がいい」の形で
おさえる

42 a three-story building では, three-story が「[   ]」の働き

43 "動詞+-able・-ible" は「[   ]」と「[   ]」の意味

44 quite a few ~ の意味は「[   ]」

45 3つの "e" (each・every・either) は「[   ]」

46 「海外へ行く」は（×）go to abroad ではなく（○）[   ]

47 接続副詞はあくまで「[   ]」の働きなので, 文と文はつなげない

48 わがまま副詞は "so [   ]", such 型は "such a 形容詞 名詞"

49 almost は「[   ]」という感覚

50 部分否定は "[   ] + [   ]" の形

51 the last 名詞 to 原形 は「[   ]」と考える

52 間接疑問文は「[   ] の語順」で,「[   ] 役割」

41 「使い方」に注意が必要な形容詞

A: Is next Saturday **convenient** for you?

B: Sorry but it doesn't work for me. My cousins are coming over then.

☐ 用法が限られる形容詞

　形容詞には「限定用法（名詞を修飾する）」と「叙述用法（補語になる）」という2つの使い方があります。ほとんどの形容詞は「限定用法・叙述用法」両方で使えますが，ほんの一部だけ用法に制限のある形容詞があります。

(1)「限定用法のみ」の形容詞　※名詞の前に置く用法のみ

① 限定・強調：only「唯一の」／ mere「単なる」／ very（the very「まさにその」）／ main「主要な」／ live「生きている」※発音は [láɪv]［ライヴ］
② 比較関係：elder「年上の」／ former「前の」／ latter「後半の」

(2)「叙述用法のみ」の形容詞　※名詞の前に置くのは NG

① a- というつづりを持つ単語：alike「似ている」／ alive「生きている」／ alone「ひとりで」／ asleep「寝ている」／ awake「目が覚めている」／ afraid「怖がって」／ aware「気づいて」／ ashamed「恥じて」
② 感情：content「満足して」／ glad「喜んで」

(3) 限定用法と叙述用法で「意味が異なる」形容詞

	限定用法	叙述用法
certain	ある	確かな
present	現在の	出席している
late	亡くなった／遅れた	遅れた

→ 今回の英文の convenient には少しやっかいな使い方の制限があります。それが何なのか予想してみてください。

◀) 041

A：今度の土曜日の都合はどう？
B：残念だけど，だめだな。その日は，いとこたちが訪ねてくるんだ。

There's a certain person that I'd like you to meet.
あなたに会ってもらいたい人がいるの。
※限定用法の certain「ある」

Mark is certain that his girlfriend is alive.
マークは彼女が生きていることを確信している。
※叙述用法の certain「確かな」（be certain that ～「～と確信している」）／ alive は「叙述用法」のみで使える

(4) 人を主語にしない形容詞

convenient「都合がいい，便利な」／
inconvenient「都合が悪い，不便な」／
possible「可能な，ありえる」／ necessary「必要な」

convenient は人を主語にできないので，（×）Are you convenient? は NG です。そのため今回の英文（Is next Saturday convenient for you?）では，主語に曜日（next Saturday）がきて，後ろに"for 人"があるわけです。

※これは実際に日本女子大学の英作文で問われました。別の訳例として，Are you available[free] next Saturday? でも OK です（available は⇒ p.132）。ちなみに，B の発言で使われている work は「（計画などが）うまくいく」という意味です。

重要ポイント 　日時 is convenient for 人「日時は人にとって都合がいい」の形でおさえよう！

42 「ハイフンによる形容詞化」と "the + 形容詞"

> The coworking space is located in **a** stylish **three-story building** in the heart of the city.

■ ハイフンを使うと「名詞→形容詞」になる

複数の単語を**ハイフンでつなげて「形容詞をつくる（名詞を修飾する）」**ことができます。たとえば, a three-story building「3階建てのビル」は, three と story がハイフンで結ばれて, 名詞 building を修飾しています。

注意点は名詞を修飾する単語が**複数形にならない**ことです。(×) three-stories ではなく, (○) three-story です。ハイフンで結ばれて「形容詞化」しているので複数形にはならないわけです（形容詞に「単数・複数」なんてありえませんよね）。今回の英文では, a three-story building に形容詞 stylish がついている形です。

> ※この story は「階」という意味です。昔のヨーロッパの建築物は, 何階かを示すためにフロアごとに「歴史物語の絵」を描いたり飾ったりしたそうです。3階建ての建物なら3つの story「物語」の絵があることから, story に「階」という意味が生まれました。

ハイフンで形容詞化した例

my three-year-old daughter「私の3歳の娘」／ a two-week vacation 「2週間の休暇」／ two one-dollar bills「2枚の1ドル紙幣」／ a four-leaf clover「四つ葉のクローバー」

■ "the + 形容詞" = "形容詞 people" という応用事項

ハイフンを使った表現は「名詞→形容詞」という変化でしたが, 逆の「形容詞→名詞」という変化もあります。重要なのが, the + 形容詞 の形で「形容詞な人々」となる用法です。"the + 形容詞" = "形容詞 people" と考えてください（the をつけて名詞化される）。the の核心は「共通認識」なので（⇒ p.86）, the rich なら「rich と聞いたとき, みんなで共通認識できるような人たち」→「富裕層」となるのです。

→ 今回の英文の a three-story building「3階建てのビル」では，「3階」なのに stories にはなっていません（story は「階」）。一見細かすぎるこの用法ですが，入試で狙われるのです。

◀)) 042

そのコワーキングスペースは，都心のスタイリッシュな3階建てのビルにあります。

---

the +|形容詞| (1) 基本的なもの
the old・the elderly「老人」／ the young「若者」／
the rich「富裕層」／ the poor「貧困層」／ the Japanese「日本人」／
the living「生存者」／ the dead「死者」

> The organization donates food and clothes to the poor.
> この組織は貧しい人たちに食べ物や服を寄付している。

the +|形容詞| (2) *p.p.* を使ったパターン ※*p.p.* が形容詞扱いされているだけ
the accused「被告人」／ the deceased「故人」／
the injured「怪我人」／ the unemployed「無職の人」／
the vaccinated「ワクチン接種を受けた人」／
the unvaccinated「ワクチン接種を受けていない人」／
the gifted「才能ある人」

> The vaccinated are getting COVID as well, but they usually have mild symptoms.
> ワクチンを接種している人もコロナに感染しているが，通常は軽い症状だ。

語句　coworking space コワーキングスペース（様々な利用者が仕事をする共有スペース）／ be located ある，位置している／ heart **名** 中心部

重要ポイント **a three-story building「3階建ての建物」では，three-story が形容詞の働き（複数のsはつかない）！**

CHAPTER 06

43 意味がまぎらわしい形容詞

> The children were taught to be **respectful** of the elderly.

□ "動詞 + -able" には法則がある

見た目が似ている形容詞は，語尾（-able・-ible）に注目してください。"動詞 + -able・-ible" の場合，「可能（〜できる）」と「受動（〜される）」の2つの意味を持つのです。-able・-ible を「<u>〜されることができる</u>」と考えることで，まぎらわしい形容詞の意味が鮮明にわかってきます。

まぎらわしい形容詞の例（入試でよく問われるもの）

	能動「〜している」	受動「〜されている」
forget 「忘れる」	forgetful 「忘れっぽい」	forgettable 「印象に残らない」
respect 「尊敬する」	respectful 「敬意を示す」	respectable 「立派な，まともな」
envy 「嫉妬する」	envious 「嫉妬している」	enviable 「嫉妬されるぐらい良い」
regret 「後悔する」	regretful 「残念に思っている」	regrettable 「残念な，悲しむべき」

forget と respect から派生したまぎらわしい形容詞を確認しましょう。「-able・-ible は受動」「-able・-ible 以外の語尾は能動」と考えてみてください。

(1) forgettable vs. forgetful

forgettable は動詞 forget「忘れる」＋可能・**受動**（-able）なので，「(周りから) forget <u>される</u>ことができるような」→「忘れられやすい，(人の) 印象に残らない」となります。一方，forgetful は -able・-ible 以外の語尾で**能動**なので，「forget <u>する</u>ような」→「忘れっぽい」となるわけです。

→ respectful と respectable の意味をパッと言えますか？　こういったまぎらわしい形容詞は入試頻出ですが，実は語尾（-able ／ -ible）に注目すれば簡単に攻略できるのです。

◀） 043

子どもたちはお年寄りを敬うよう教えられた。

He has become so forgetful that he cannot remember what he said a few minutes ago.
彼はすごく忘れっぽくなり，自分が数分前に何を言ったか思い出せない。

(2) respectable vs. respectful

respectable は動詞 respect「尊敬する」＋可能・受動（-able）なので，「respect されることができるような」→「尊敬すべき，立派な」となります。ただし，実際には少しトーンダウンして「きちんとした，まともな」くらいの意味で使われることが多いです。

Please wear respectable clothes when you meet Mr. Kudo.
工藤さんに会う際は，きちんとした服装をしてください。

それに対して respectful は**能動**で，「respect している」→「敬意を示す」となります。今回の見出しの英文のように，**be respectful of[to] ～「～に敬意を示す，尊重する」**の形でよく使われます。

※後ろの the elderly「老人，高齢者」は前項で扱った "the ＋ 形容詞" のパターンですね。

✛α　respective「それぞれの」

respect の「尊敬する」という意味から派生したのが respectful と respectable ですが，そもそも respect には名詞**「点」**という意味もあります。この「点」から派生した形容詞が respective です。名詞から派生したので「能動・受動」は関係なく，**「それぞれの点において」→「それぞれの」**という意味になります。

※ respective と副詞 respectively「それぞれ」は長文でよく問われます。

重要ポイント　"動詞 ＋ -able・-ible" は「可能」と「受動」！

44 数量を表す形容詞

> Even though it was winter, there were **quite a few** people at the beach.

■ 使い分ける必要のある「数量形容詞」

可算名詞・不可算名詞に応じて，形容詞を使い分ける必要があります。

数量形容詞 ※可算名詞・不可算名詞ごとに使われる表現が違う

	数（可算名詞）に使う形容詞	量（不可算名詞）に使う形容詞
たくさんの	many a large number of ～	much a large amount[quantity] of ～ a great deal of ～
少しある（肯定的）	a few	a little
ほとんどない （否定的）	few very few*	little very little*
ほんの少ししかない （否定的）	only a few**	only a little**
たくさんの （few／little を使用）	quite a few	quite a little***
少なからずの （肯定的）	not a few（≒ many）	not a little（≒ much）

* very はただの強調にすぎないので，very few も very little も否定的に捉えて OK

** only は否定的な響き（ほんの～しかない）を持つ

*** なぜか quite a little はあまり使われない代わりに，quite a bit of ～ がよく使われる

■ a few／a little と few／little

まず，few は可算名詞に，little は不可算名詞に使います。そして a の有無による意味の違いですが，a few／a little の "a" は「1つの」→「ある程度のカタマリ1つ」→**「少しある」**（肯定的）です。一方，few／little は「a

→ quite a few の意味を知っていますか？ ただ丸暗記させられるこの熟語を解説していきます（知らない場合は文脈から予想してみてください）。

◀) 044

冬にもかかわらず，海辺にはたくさんの人がいた。

がない（1つのカタマリすらない）」→「**ほとんどない**」（否定的）となります。

He has a few friends, so he is never bored.
彼には何人か友達がいるので，退屈することはない。　※ a few 可算名詞

There was little water in the bottle.
水筒にはほとんど水が入っていなかった。　※ little 不可算名詞

□ quite a few が「たくさんの」になる理由

a few は「少し」ばかりが強調されますが，a few は「肯定的」なイメージで，「**（少しだけど）ある！**」を表すのです。これに強調の quite がついて，**quite a few「すごくある」→「たくさんの」**という意味になるわけです。今回の英文でも quite a few people が「かなり多くの人々」を表しています。

※文全体は Even though sv, SV.「sv だけれども SV だ」の形です（⇒ p.39）。

➕ⓐ ライティングで注意が必要な number

● **a number of ～「たくさんの～，いくつかの～」**
　※メインの主語は "～" の部分（複数名詞）／動詞も複数扱い（are など）
● **the number of ～「～の数」**
　※メインの主語は number ／動詞は単数扱い（is など）

The number of women in STEM majors has increased.
理系学部の女性の数が増えた。
※ STEM「理系（science, technology, engineering, and mathematics）」／
　major「専攻」

重要ポイント　**quite a few ～ は「すごくある」→「たくさんの」！**

CHAPTER 06

115

45 each・every・eitherの特徴

Every room in the hotel has a spectacular view of the city.

□ 単数扱いする「3つの "e"」

every「すべての」, each「それぞれの」, either「どちらかの」はどれも意味が「複数っぽい」のですが, 一つ一つを意識する性質なので **「単数扱い」** という特徴があります。身近な例では every day が単数扱い (day であって days ではない) ですね。また「毎日」というのは「一日一日が意識される感じ」も感じられると思います。each・every・either は3つとも "e" で始まるので,**「3つの "e" は単数扱い」** とおさえるといいでしょう。

※ either の延長で,「neither も単数扱い」とついでに覚えてしまいましょう。

今回の英文 (Every room in the hotel has 〜) でも, **Every の後の room が単数形, 動詞は単数扱い (has)** というのがポイントです。直訳「そのホテルのすべての部屋は街の壮大な景色を持っている」→「そのホテルでは,すべての部屋から〜を眺めることができる」となります。

入試問題で確認

次の文において, 間違っている箇所を1つ選び, その間違いを正しく直しなさい。誤りがない場合は⑤と答えなさい。

①Ten-hour workdays ②used to be a common ③part of ④every salaried jobs in Japanese companies. ⑤NO ERROR

(早稲田大)

(解答 ④ every → all (the)) かつて, 10時間労働は日本企業のサラリーマンのすべての仕事でよくあることだった。

※ every の後ろは「単数形」がくるはずですが, salaried jobs という複数形がきているので every を all に変更します。ちなみに, ① Ten-hour workdays は「ハイフンによる形容詞化」なので hour はこのままで OK (⇒ p.110), workday は名詞なので複数形で OK です。／ workday「仕事日, 1日の労働時間」／ salaried「給料が支払われる」

→ 今回の英文で，文頭の Every「すべての」は複数っぽい意味ですが，直後には単数形 room がきて，動詞も has になっています。こういった単数 vs. 複数がポイントになる each・every・either を解説します。

045

そのホテルでは，すべての部屋から，街の壮大な景色を眺めることができる。

□ every を使った重要表現「〜ごとに」

① 「〜に1回」　every 基数 複数 ……every three days「3日ごとに」
　　　　　　　every 序数 単数 ……every third day「3日ごとに」
② 「2つごとに」every two 複数 ……every two years
　　　　　　　　　　　　　　　　「2年ごとに（隔年で）」
　（1つおきに）every second 単数 …every second year
　　　　　　　　　　　　　　　　「2年ごとに（隔年で）」
　　　　　　　every other 単数 ……every other year
　　　　　　　　　　　　　　　　「2年ごとに（隔年で）」

※「序数」は「○番目（third など）」／「基数」は「普段の数字（three など）」

The summer Olympics are held every four years.
≒ The summer Olympics are held every fourth year.
夏季オリンピックは4年に1度行われます。

※「毎回（every）4年間（four years）ごとに」→「4年ごとに」では，four years が1つのカタマリというイメージ／序数を使う場合はそもそも「4番目の年」自体は1つしかないので，year は単数形

　「2つごとに」だけは特別に other を使った，every other 単数 という形もあります。The debate club meets every other Thursday.「ディベート部は隔週木曜日に集まります」は，「2週間に1回」ということです。

語句　spectacular 形 壮大な／ view 名 眺め，景色

重要ポイント　**3つの "e"（each・every・either）は単数扱い！**

CHAPTER 06

117

46 名詞と混同しやすい副詞

Whether or not you need a visa to go **abroad** depends on the purpose of your visit.

■ 副詞の2つの特徴

　副詞はよく「動詞・形容詞・他の副詞・文などを修飾する」と説明されますが，**「名詞以外を修飾する」**と考えたほうがスッキリします。

※副詞と対で説明されることが多い「形容詞」は「名詞を修飾する」役割です。

副詞の特徴
(1) 名詞以外を修飾する　　(2) 直前に前置詞は不要

■ 名詞と勘違いしやすい副詞をチェック

　入試では「名詞と混同しやすい副詞」がよく狙われます。たとえば，here は副詞なので「ここに来なさい」は（○）Come here. です。**副詞は直前に前置詞が不要**なので，（×）Come to here. としてはいけないわけです。

名詞と混同しやすい「副詞」　　※「場所」関係の副詞がよく入試に出る
●**場所**
□ home「家に」／□ here「ここに」／□ there「そこに」／□ abroad・overseas「海外へ」／□ **downtown**「繁華街へ」／□ somewhere「どこかへ」／□ anywhere「どこへでも」／□ **upstairs**「上の階へ」／□ **downstairs**「下の階へ」／□ inside・indoors「室内で」／□ outside・outdoors「外で」

●**方角・左右**
□ east・west・south・north　※ go east = go to the east ／名詞の場合は the が必要　□ left・right　※ turn left = turn to the left ／名詞の場合は the が必要

今回の英文の go abroad「海外へ行く」には，前置詞 to がありません。それは一体なぜなのか，「品詞」の視点から考えてみてください。

◁) 046

海外に行くのにビザが必要かどうかは，渡航の目的によって異なる。

※ home は名詞と副詞があり，stay at home「家にいる」では名詞（前置詞 at がある），stay home では副詞（前置詞がない）のどちらも OK です。

「海外に行く」は（×）go to abroad ではなく，（○）go abroad が正しい形ですね（副詞の直前に前置詞は不要）。他に live abroad「**海外に住む**」／ travel abroad「**海外旅行する**」／ study abroad「**海外留学する**」もよく使います。

　今回の英文では Whether or not 〜 が主語（名詞節をつくる whether），depends on 〜 が動詞です。depend on 〜 は「〜に頼る」の訳語ばかり有名ですが，「**〜次第だ，〜によって決まる，〜に左右される**」といった意味が超重要です。長文でも英作文でも活躍するので，この機会におさえておきましょう。

＋α　from ＋ 副詞

　副詞は「方向（〜へ）」の意味を含むので，to をつけることはありませんが，その逆の「起点（〜から）」の意味は持たないので，その場合に from を使うのはアリです。from abroad「海外から」という表現はよく使われます。「留学生」は a student from abroad[overseas] となります。英作文でも「留学生」の話題は頻出なので，しっかり書けるようにしておきましょう。

There are many students from abroad in this dormitory.
この寮には留学生がたくさんいる。

※「留学生」は international student でも OK ／ dormitory「寮」も重要単語（共通テストでも出題済みで，dorm と略されることも）

重要ポイント　「**海外へ行く**」は（×）go to abroad ではなく（○）go abroad！

47 接続副詞の「形」と「意味」

Going by air is faster than going by train, but it is not as convenient. **Therefore**, I suggest we go by train.

☐ 結局は「副詞」

therefore「それゆえ」などの語句は，意味は「接続詞」のようですが，あくまで**「副詞」**なので，接続詞のように文と文はつなげません。（×）SV therefore SV. のように副詞 therefore では文を「接続」できず，**（○）SV. Therefore, SV.** のように使うわけです。このような副詞を「接続副詞」といいます。

※以下は「接続副詞」と同じ働きをする「副詞句」も含めています。

反論する：however・yet「しかしながら」／ still・all the same・**nevertheless**・**nonetheless**「それにもかかわらず」／ on the other hand・by contrast・in contrast「対照的に」／ **on the contrary**「それどころか」／ though「けれども」※「接続詞」と「副詞」両方の用法がある／ instead・**alternatively**「その代わりに」／ indeed・rather・in fact・as a matter of fact「それどころか実際は」

並べる：also・besides・moreover・furthermore・what is more・in addition・additionally「加えて」※ besides は「前置詞（〜に加えて）」もある／ **similarly**・in the same way「同様に」／ firstly・secondly・finally「最初に・2番目に・最後に」／ first of all・to begin with・to start with「最初に」／ for one thing「1つには」※「理由」などを述べるときに使う／ then「それから」／ **meanwhile**「その間に，一方で」／ **in the meantime**「その間に」／ otherwise「そうでなければ」

→ 今回の英文で使われている therefore の品詞は何でしょうか？ まずは文で使われる「形」をしっかりおさえた上で,「意味」を確認していってください。

🔊 047

> 飛行機で行くのは電車で行くより速いですが, あまり便利ではありません。そのため, 電車で行くのがよいと思います。

CHAPTER 06

具体例を出す: for example・for instance「たとえば」／ specifically「具体的に言えば」／ by way of illustration「実例として」

言い換える: in other words・that is {to say}・namely・to put it differently「言い換えると, つまり」 ※ put は「言葉を置く」→「述べる」

原因・結果を述べる: so・thus・hence・therefore「だから」／ consequently・in conclusion・as a result「その結果」／ that is why「そういうわけで」／ in short・in brief・in a word・to sum up・to make a long story short「要するに」／ accordingly「それに応じて, したがって」

　今回の英文では therefore を使って,「理由・根拠：飛行機は電車ほど便利ではない」→「結果・主張：電車で行くのがよい」と伝えています。

　ちなみに, 1文目の but 以下では not as 〜 as ...「…ほど〜じゃない」の as ... が省略されています（⇒ p.202）。このように「比較対象」が省略されることはよくあり, 今回は「それ（＝飛行機で行くこと）は電車で行くほど便利ではない」と考えれば OK です。

　語句　by air 飛行機で

重要ポイント　**接続副詞はあくまで「副詞」の働き！**

48 位置が重要な「わがまま副詞」とenough

> It was **so interesting a story** that I shared it with all of my friends.

■ 位置が決まっている副詞 (1)「わがまま副詞」

　無数にある副詞の中で，so，as，too，how，however の５つだけは少し特殊で，"so 形容詞 a 名詞" という語順になります。

　普通の副詞は自ら修飾したい単語のそばに移動します。この自ら動く性質を「謙虚な性格」とたとえてみます。これに対して so，as，too，how，however の５つは**「わがままな性格」**とたとえることができます。自らは動かず，**修飾する単語を自分のそばに来させる**のです。

●**普通の副詞**（very など）　※謙虚な性格と考えてください。

very : She is a very good singer.「彼女はとても良い歌手です」

　　　　　「謙虚」なので自ら修飾する相手（good）のそばへ

●**わがまま副詞**（so／as／too／how／however のみ）　※わがまま全開！

so : She is so good a ~~good~~ singer.「彼女はすっごく良い歌手なんです」

　　　　　「わがまま」なので good を自分のそばに引きずり出す

　今回の英文（It was so interesting a story）は "so 形容詞 a 名詞" の語順です。わがまま副詞 so が interesting を前に引っ張り出して修飾しているわけです。ちなみに，全体は so ～ that ...「とても～なので…だ」の形です。

わがまま副詞

●わがままな性格の副詞 ……… so／as／too／how／however

●わがまま副詞がとる語順 …… わがまま副詞 形容詞 a 名詞

➡️ 「とてもおもしろい話」を英語にすると，普通は a `very` interesting story ですが，今回の so では `so` interesting a story という語順になっています。こういった，語順に注意すべき副詞を見ていきましょう。

◀) 048

それはあまりにおもしろい話だったので，友達全員にシェアした。

☐ such との比較

わがまま副詞と such の混同を狙った入試問題がよく出ます。"such a 形容詞 名詞" の語順で，今回の英文なら It was such an interesting story that ... という語順になります。

わがまま副詞 vs. such 型・both 型
① so ／ as ／ too ／ how ／ however ‥‥‥‥ so 形容詞 a 名詞
② such ／ quite ／ what ‥‥‥‥‥‥‥‥‥ such a 形容詞 名詞
③ both ／ all ／ half ／ twice ／ double ‥‥ both the 形容詞 名詞
※ of の省略は p.105

☐ 位置が決まっている副詞 (2) enough

副詞 enough は修飾したい形容詞・副詞の「直後」に置いて，形容詞・副詞 enough to ～「～するほど形容詞・副詞だ」という形になります。名詞を修飾するときは前後どちらからでも修飾 OK ですが（例：enough money「十分なお金」），形容詞・副詞を修飾する場合は必ず**「後ろから」**です。

Please arrive early enough to buy your ticket before boarding the train.
乗車前に切符を購入できるよう，お早めにお越しください。
※ early enough to ～「～するのに十分早く」／ board「乗る」

重要ポイント　わがまま副詞は so 形容詞 a 名詞，
　　　　　　　such 型は such a 形容詞 名詞 !

49 意味がまぎらわしい副詞

> Nicholas was **almost** late for his first day of work, but he managed to make it on time.

□ -ly がつくと意味が変わる副詞

hard は「熱心に」ですが，hardly は「ほとんど～ない」という意味です。こういった「見た目は似ているのに意味が違う副詞」は長文でも勘違いの原因となるので，しっかりチェックしておきましょう。

-ly がつくと意味が変わる重要な副詞

-ly がつかない副詞	-ly がついた副詞
hard「熱心に」	hardly「ほとんど～ない」 ※ hardly ≒ scarcely ／「程度」を表す
late「遅く」	lately「最近」
most「最も」	mostly「たいていの場合は（usually）／ 大部分は（for the most part）」
near「近くに」	nearly「ほとんど」 ※直訳「近い状態で」／ nearly ≒ almost
short「急に」	shortly「まもなく」
high「高く」	highly「大いに」　※比喩的に「高く」
close「近くに」	closely「綿密に，注意深く」　※精神的に「近くに」

high と close は比喩的に意味が広がると考えてください。highly は「比喩的に高く」→「大いに」，closely は「精神的に近くに」→「綿密に，注意深く」ということです。

> It's highly unlikely that he will win the election.
> 彼はまったく当選しそうにない。
>
> ※ highly unlikely「大いに可能性が低い」→「まったくありえそうにない」はよく使われる／ win the election「選挙に勝つ，当選する」

→ almost は「ほとんど」と教わることが多いのですが，今回の英文の was almost late for 〜 を「ほとんど遅刻した」と訳しては意味不明です。文字通り「遅刻した？ or していない？」を考えてみてください。

🔊 049

ニコラスは初出勤の日にもう少しで遅刻するところだったが，なんとか時間通りに着いた。

☐ almost は「あともうちょっと」という感覚

　すでに p.104 で almost は出てきましたが，さらに almost の使い方を解説します。almost は「ほとんど」と訳されますが，**「ちょっと足りない・不完全なニュアンス」**をイメージしてください。almost 70％であれば，68％などを示すのであって，間違っても 70％を超えることはありません。

> 「ほとんど・約」の区別
> ① その数値の前後両方 OK …… about・around・approximately・
> 　　　　　　　　　　　　　　　roughly「約」
> ② その数値には達しない ……… almost・nearly「ほとんど」
> ③ その数値をわずかに上回る … barely「かろうじて」

　　　　※ about は本来「周りに」なので，数値の周りなら「上回っても下回っても OK」

　この「ちょっと足りない・不完全なニュアンス」を意識すれば，今回の英文の almost late も正しく理解できます。「遅刻するにはちょっと足りない」，つまり**「もう少しで遅刻しそうだった（でも遅刻はしなかった）」**ということです。すると，後ろの「なんとか時間通りに着いた」ともうまくつながりますね。

　　※共通テスト（試行調査）では almost win が「（優勝にはちょっと足りず）2 位」を表している点がポイントになりました（ここでの win は「優勝する」という意味でした）。そしてその後の共通テスト本番で，何度もこの almost の感覚が問われたのです。

　語句　manage to 〜 何とか〜する（⇒ p.165）／ make it 間に合う

重要ポイント | **almost は「ちょっと足りない，あともうちょっと」という感覚！**

50 全体否定と部分否定

Not all guests can ride the shuttle bus, so it is recommended that you reserve a seat in advance.

☐ 全体否定は2つの公式をチェック

(1) 全体否定の公式① not 〜 any = no「1つも〜でない」

This sauce doesn't have any salt in it.
こちらのソースには一切塩を使用していません。

"not 〜 any = no" という公式における any のポイント

● **any の意味**：本来「どれでも」という意味で，not 〜 any は直訳「どれも〜でない」→「すべて〜でない」です。

● **any の位置**：必ず "**not 〜 any**" という語順です。日本語の語順「どんな（any）〜もない（not）」につられて，（×）any 〜 not という順番にしてはいけません（このひっかけが入試頻出）。not は原則「自分より "右側" を否定する」と考えてください。not の左側に any があってはいけないのです。

● **any のペア**：not 以外の否定語ともペアになります。**without any 〜**「〜なしに」や，**hardly any 〜**「ほとんど〜ない」の形も使われます。

I'm so busy these days. I have hardly any free time.
最近すごく忙しいんだ。暇な時間がほとんどなくて。　※ hardly any 〜「ほとんど〜ない」（hardly は否定語なので any とセットでよく使われる）／ hardly は p.124

(2) 全体否定の公式② not 〜 either = neither「どちらも〜でない」

not 〜 either を，（×）「どちらかが〜でない」と誤訳することが多いので，"not 〜 either = neither" と英語で覚えたほうがラクだと思います。

I don't think either of the plans would work.
どちらの計画も成功しないと思います。　※ work「（計画などが）うまくいく」

→ 文頭の Not all guests can ride 〜 を「全員乗れない」と訳すと，後半と意味が合わなくなってしまいます。正しくはどんな意味になるのか予想してみてください。

◀》050

お客様全員がシャトルバスにご乗車できるわけではありませんので，事前のご予約をお勧めいたします。

□ not ＋ 全部 ＝ 部分否定

not 〜 all は，（×）「すべて〜じゃない」と訳すと間違いです。正しくは，**（○）「すべてが〜というわけじゃない（そうじゃないものもある）」**となります。このように，一部だけを否定する形を「部分否定」といいます。

※部分否定は not の後ろに "全部" というパワフルな単語がくると，not ではすべてを打ち消し切れない（残骸が出る）感覚です。

部分否定

● **形と意味**

not ＋ 全部 ＝ 部分否定「（全部が全部）〜というわけではない」

● 全部 **を表す語**　※以下の語が否定文で使われると「部分否定」になる

all「すべての」／ both「両方の」／ every「すべての」※ everything などの単語も含む／ always「いつも」／ necessarily「必ず」／ completely・entirely「完全に」／ altogether・quite「まったく」

今回の英文（Not all guests can ride 〜）は "not ＋ 全部 ＝ 部分否定" で，「全員が全員〜に乗車できるというわけじゃない」となります。決して「全員が乗車できない」という全体否定ではありません。

※後半の it は仮主語，that 〜 が真主語です（⇒ p.152）。今回のような英文は共通テスト型の「お知らせ・申込」でよく出ます（「事前に予約して」という内容も頻出）。

語句　recommend 動 勧める／ reserve 動 予約する／ in advance 前もって

重要ポイント　"not 〜 any ＝ no" "not 〜 either ＝ neither" は全体否定，"not ＋ 全部" は部分否定！

51 notを使わない「否定表現」の攻略法

Takumi is **the last** person I was expecting to run into in Los Angeles.

□ 「直訳から」攻めればカンタン

not を使った否定文はキツい印象を与える可能性があるため，not を使わずに「遠回しに否定を伝える」表現がありますが，直訳から考えれば簡単です。

---

not を使わない否定表現① 「分離の from」を使ったもの

□ free from[of] ～ 「～がない」　※ free は本来「（束縛などが）ない」

□ far from ～ 「決して～ではない」　※直訳「～からほど遠い」

□ refrain from -ing ／ abstain from -ing 「～しない」

※ refrain・abstain「控える」

The quality of their customer service was far from satisfactory.
あの店の［彼らの］接客の質は決して満足いくものではなかった。
※前置詞の後は「名詞」が原則だが，far from ～ の後ろは「形容詞」がきても OK ／ satisfactory「満足のいく，十分な」

---

not を使わない否定表現② to 不定詞が中心となるもの

□ remain to be *p.p.* 「まだ～されていない」

※直訳「これから～される状態のまま残っている」

□ have yet to 原形 ／ be yet to 原形 「まだ～していない」

※ have to 原形「～しなければならない」や be to 原形「～することになっている」に yet が加わった形（be to 構文は ⇒ p.168）

□ be still to be *p.p.* 「まだ～されていない」

※直訳「まだこれから～される状態でいる」

今回の英文の the last はどんな意味になるでしょうか？　もし丸暗記している人は直訳から考えてみてください。

◀)) 051

まさかロサンゼルスでタクミに偶然会うなんて。

Whether the economy will turn around this year or not remains to be seen.

今年に経済が好転するかどうかはまだわからない。

※ remain to be seen「まだ見られていない・理解されていない」→「まだわからない」はよく使われる／ turn around「良くなる，好転する」

I bought the latest J. K. Rowling book, but I have yet to read it.

私は J. K. ローリングの最新作を購入したが，まだ読んでいない。

※ have {yet} to 原形 の直訳は「(まだ) ～しなければいけない状態」／たとえば「まだ読まなければいけない状態」→「まだ読んでいない」となる

CHAPTER 06

---

not を使わない否定表現③ その他

□ the last 名詞 to 原形／関係詞「最も～しそうにない 名詞 だ」
□ anything but ～「決して～ではない」
　※直訳「～以外 (but) なら何でもアリ (anything)」／ but は前置詞「～以外」
□ beyond ～／ above ～／ beside ～／ out of ～「～でない」
□ SV before sv.「sv しないうちに SV する」

---

　last はあくまで「ラスト」の意味です。今回の英文にある the last person I was expecting to run into ～ は，直訳「偶然会うことを期待する一番最後の人だ」→「一番会いそうにない（会うとは思っていない）人だった」という，単なる遠回しの表現なのです。

※ the last person {whom/that} I was expecting to ～ と関係詞が省略されています。expect to ～「～するだろうと思う」の後ろは，run into ～「偶然～に出会う」です。

重要ポイント　　the last 名詞 to 原形 は「～するラストの 名詞」！

129

52 間接疑問文の「語順」と「本当の役割」

A: **Do you know when the movie starts?**

B: I think it starts at five.

☐ まずは語順に注意

間接疑問文とは，普通の**文の中に「疑問文」を埋め込んだ**ものです。たとえば，I know ～ の中に疑問文 When does the movie start? を埋め込みたいとき，I know when the movie starts .「その映画がいつ始まるか，私は知っています／その映画の上映開始時間 [公開日] を知っています」となります。

間接疑問文では（普通の疑問文で起きる）**倒置は起きない**点に注意してください。疑問文なのに**「普通の語順」**（SV の順）のままで使います。ここでは the movie starts が SV の順です。

次に，I know when the movie starts. そのものを疑問文にしたいときは，主節は疑問文（Do you know）の語順になりますが，間接疑問の部分は影響を受けず**「普通の語順」**のままです。これが見出しの英文の Do you know when the movie starts? です。

※間接疑問は「名詞節（名詞のカタマリ）」になります。when the movie starts が名詞のカタマリで，know の目的語になっていますね（読解問題ではこの視点も重要です）。

入試問題で確認

> 自然な英文になるように，[ ] 内の語句を並び替えなさい。
> Don't you [how / know / soon / start / the concert / will]?　　　(獨協大)

（解答 Don't you [know how soon the concert will start]?）

コンサートがあとどれくらいで始まるのか知らないのですか？

※ how soon the concert will start「あとどのくらいでコンサートが始まるのか」という名詞節をつくれば OK です。間接疑問なので（×）how soon will the concert start としないように注意してください。

→ 今回の英文の Do you know when 〜? は「間接疑問文」と呼ばれます。間接疑問文の注意点は何でしょうか？ 語順を意識しながら読んでみてください。

◀） 052

A：その映画がいつ始まるのか知ってる？
B：5時からだと思うよ。

□ 間接疑問文の本当の役割

間接疑問文はリスニングや会話でも重要です。見た目は Do you 〜? などで始まる Yes・No で答える疑問文になりますが，実際の会話では Yes・No ナシで「相手が知りたがっていること」だけを答えることもよくあります。

Do you know when the movie starts?
▶ **丁寧な返答**：Yes, I do. It starts at five o'clock.
▶ **実際によくある返答**：At five o'clock. ／ Five. ／
　　　　　　　　　　　　I think it starts at five.
※ Yes・No ナシで答えることが多い／ Let me check.「確認させて」などもアリ

間接疑問文では Yes・No を言わずに答えることも多いのになぜ存在するのかというと，間接疑問文は「**丁寧に聞く**」という役割があるからです。いきなり Where 〜? と聞くと失礼になりそうなときに間接疑問文を使うのです。
※日本語でも，いきなり「どこ？」と聞くより，「どこか知ってる？」と聞いたほうが丁寧ですね。相手に Yes・No で答える余地を与える配慮があるからです。

A: May I ask why you came to Japan?
B: The main reason is that I really like anime and manga.
A：なぜ日本に来たかお聞きしてもいいですか？
B：主な理由は，アニメやマンガが大好きだからです。
※初対面の人にいきなり Why did you come to Japan? と聞くと，失礼な印象を与える可能性がある／ What made you decide to come to Japan? (⇒ p.138) なども使える

重要ポイント 間接疑問文は「普通の語順」，「丁寧に聞く役割」！

ここも CHECK! 06　超頻出の形容詞 available と会話表現

□ 入試・日常会話・ビジネスで超頻出の available

available の訳語は「利用できる，手に入る，都合がつく，手が空いている」と羅列されがちですが，語尾"-able"に注目してください。"-able"は「可能・受動」を表すので（⇒ p.112），available「使われることができるような（be available ≒ can be used）」と考えられます。**「スタンバイ OK」**とイメージするといいでしょう。

> **超重要多義語 available　核心：スタンバイ OK**
> **(1) 利用できる**　※ Wi-Fi がスタンバイ OK
> 　Free Wi-Fi is available in the hotel lobby.
> 　「当ホテルのロビーでは，無料 Wi-Fi がご利用いただけます」
> **(2) 手に入る**　※商品がスタンバイ OK
> 　The book is not available for purchase.　「その本は非売品です」
> **(3) 都合がつく・手が空いている**　※人がスタンバイ OK
> 　Are you available this afternoon?　「今日の午後，手が空いていますか？」

□ what や how を使った会話表現

> **「Ｓってどんな感じ？」のパターン**　※ like は前置詞「〜のような」
> □ What is Ｓ like?「Ｓってどんな感じ？」
> □ What is it like to 〜?「〜するってどんな感じ？」　※ it は仮主語, to 〜 が真主語
> □ What does Ｓ look like?「Ｓの見た目ってどんな感じ？」
> □ Like what?「たとえばどんなもの？」

> **「どう？」と訳す what・how を使った表現**
> □ What do you say to -ing?「〜するのはどう？」　※動名詞の慣用表現は p.190
> □ What do you think of 〜?「〜についてどう思う？」　※考える「内容（what）」
> 　　　　　　　　　　　　　　　　　　　　　　　　　　を聞く
> □ What if sv?「〜したらどうなる，どうする？」　※「不安」や「提案」を示す
> □ How do you feel?「気分はどう？」　※ feel は自動詞「感じる」
> □ How do you feel about 〜?「〜についてどう思う？」
> □ How do you like 〜?「〜はどう？」　※「感想」を聞く／like は動詞「好き」

> **why 以外の「なぜ？」**
> □ How come SV?「どうして Ｓ は Ｖ するの？」　※ SV の語順に注意
> □ What VS 〜 for?「何のために〜するの？」　※普通の疑問文なので VS の語順

※どちらも 2 語だけ（How come? / What for?）でもよく使われます。

CHAPTER 07

自動詞 vs. 他動詞と SVOC

この CHAPTER では以下の内容がスラスラと言えるようになります。
（※答えは本編各見開きの右下「重要ポイント」で確認してください）

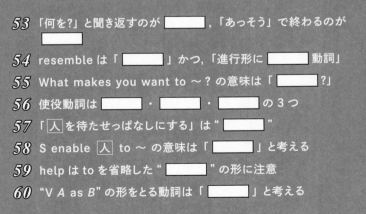

53 「何を？」と聞き返すのが _____ ，「あっそう」で終わるのが _____

54 resemble は「_____」かつ，「進行形に_____動詞」

55 What makes you want to ～? の意味は「_____?」

56 使役動詞は _____・_____・_____ の３つ

57 「人 を待たせっぱなしにする」は "_____"

58 S enable 人 to ～ の意味は「_____」と考える

59 help は to を省略した "_____" の形に注意

60 "V *A* as *B*" の形をとる動詞は「_____」と考える

53 自動詞 vs. 他動詞

I **laid** the groceries on the kitchen counter and then **lay** down on the sofa to rest.

☐ 自動詞と他動詞の考え方

　自動詞（自分で意味が完結する動詞）の後ろには**名詞（目的語）は不要**, 他動詞（他者に影響を与える動詞）の後ろには**名詞（目的語）が必要**です。この判別には多くの人が苦労しているので, 次のように考えてみてください。

> **自動詞・他動詞の即断判別法**　※まずは「他動詞」から考える
> ●**他動詞**：「何を？」と聞き返す　※直後に名詞がくる（その名詞を目的語と呼ぶ）
> ●**自動詞**：「何を？」と聞き返すのは変 →「あっそう」で終わる
> 　　　　　　　　　　　　　　　　　　　　　　　※直後に名詞はこない

　たとえば, like「好き」や buy「買う」には「何を？」と聞き返すことができますね。そのため, 直後に目的語が必要な「他動詞」だと判断できます。
　一方, live「住む」や run「走る」に対して「何を？」と聞くのは変です。「どこに？」「いつから？」などの質問はできますが,「何を？」と聞くことはありませんね。そのため「自動詞」だと判断できるわけです。
　※この判別法は 100% ではないのですが, 一瞬でほとんどの動詞を判別できます。

☐ 「セット」で整理する動詞

　ペアで狙われる重要な動詞を, **3 つのポイント（自動詞・他動詞どっち？／意味／過去形・過去分詞形）**に注目してチェックしてください。

> **lie vs. lay**　※下線 lay に注意（時制の違いで判断する）
> ☐ lie：自動詞「いる, ある, 横になる」　　　lie – lay – lain
> ☐ lay：他動詞「（そっと）置く, 横にする」　lay – laid – laid

→ 今回の英文に出てくる laid と lay は「自動詞 or 他動詞」のどちらで, どういう意味でしょうか? 混乱する受験生が多いのですが, もしかしたら「そもそもの捉え方」がよくなかったのかもしれませんよ。

◀)) 053

> 私は台所の調理台に食料品を並べて, ソファに寝転がって休んだ。

※ lie「横たわる」, lay「横たえる」と習いますが, 普段そんな日本語はなかなか使いませんね。左ページの訳で覚えたほうがいいでしょう。

今回の英文にある **laid** は他動詞 lay の過去形で, 後ろに目的語 (the groceries「食料品」) がきています。そして, 後半では**自動詞 lie の過去形 lay** が使われています。lay の後ろに名詞はきていませんね (down と on the sofa は副詞で, lie {down} on a sofa「ソファに横になる」はよく使われます)。

※文末の to rest は不定詞の副詞的用法で, 目的「休むためにソファに寝転んだ」でも, 結果「ソファに寝転んで休んだ」で解釈しても OK です。

他の動詞も, 他動詞には「何を?」と聞き返しながらチェックしてください。

□ **rise**：自動詞「上がる」……… rise - rose - risen
　※応用として, arise も自動詞「起こる, 生じる」(arise - arose - arisen)
□ **raise**：他動詞「上げる」……… raise - raised - raised
　※「育てる・(お金を) 集める」という意味もある

□ **grow up**：自動詞「育つ」…… grow up - grew up - grown up
□ **bring up**：他動詞「育てる」… bring up - brought up - brought up

□ **sit**：自動詞「座る」…………… sit - sat - sat
□ **seat**：他動詞「座らせる」…… seat - seated - seated
　※ be seated「座っている」

重要ポイント 「何を?」と聞き返すのが他動詞,
「あっそう」で終わるのが自動詞!

54 自動詞とまぎらわしい「他動詞」

> A number of his recent works closely **resemble** the style of the impressionist painter, Monet.

■ あくまで基本は「何を?」

　自動詞と他動詞の判別は「何を? or あっそう」で大半がうまくいきますが、「何を?」と聞き返す方法が使えない他動詞もあります。そういった例外のうち、入試で問われるもの（文法問題で問われるものや英作文でミスしがちなもの）に絞ってチェックしていきましょう。

※「例外がたくさんあるじゃん…」と思うかもしれませんが、膨大にある動詞の大半は「何を?」で通用するので、あくまで例外はほんの少しだけです。

「～に」という他動詞

resemble「～に似ている」／ **answer**「～に答える」／ strike「(考えが) 人の心に浮かぶ」※ strike 人 の形／ address「～に話しかける、～に対処する」／ follow「～についていく」／ accompany「～に同行する」／ face「～に直面する」／ **obey**「～に従う」／ **deserve**「～に値する」／ **contact**「～に連絡をとる」／ consult「～に助言を求める」

　「～に似ている」という日本語につられて、(×) resemble to ～ などとしてはいけません。必ず (○) resemble 人「人 に似ている」のように直後に名詞がきます。今回の英文も resemble の直後に the style of ～ がきていますね。resemble は「人」に対してだけでなく、このように**「物」にも使えるのです**。また、resemble は原則**「進行形にしない動詞」**としても重要です (⇒ p.22)。

※文頭の A number of ～「いくつかの～、たくさんの～」は重要表現です (⇒ p.115)。「作品」の意味の可算名詞 work (⇒ p.92)、まぎらわしい副詞の closely「綿密に、よく」(⇒ p.124) も使われています。

→ 今回の英文に出てくる resemble は自動詞でしょうか，他動詞でしょうか？　また，進行形にできるでしょうか，できないでしょうか？　こういった重要な動詞をまとめてチェックしていきます。

◀)) 054

彼の最近の作品の多くは，印象派の画家モネの作風に酷似している。

目的語に「場所・グループ」がくる他動詞
reach「〜に着く」（= arrive at 〜／ get to 〜）／ approach「〜に近づく」／ visit「〜を訪問する」／ leave「〜を出発する」／ join「〜に参加する」／ attend「〜に出席する」／ enter「〜に入る」

※自動詞の attend：attend to 〜「〜に注意する・対処する」（= pay attention to 〜 と見た目が似ている）／ attend on 〜「〜に仕える」
※自動詞の enter：enter into 〜「（交渉・事業）に入る」／抽象的な動作に「入る」ときは自動詞

The *Shinkansen* is approaching Hakata.
新幹線は博多に近づいている。

目的語に「相手」がくる他動詞
marry「〜と結婚する」（= get married to 〜）／ divorce「〜と離婚する」／ survive「〜より長生きする」／ excel「〜より優れている」

「〜について」という他動詞
discuss「〜について話し合う」（= talk about[over] 〜）／ mention「〜について言及する」／ consider「〜について考える」

The couple spent hours discussing their future plans.
そのカップルは将来の計画について数時間話し合った。
※ spend 時間 -ing「〜するのに 時間 を使う」の形で，discuss の後には名詞 their future plans がきている

重要ポイント　resemble は「他動詞」かつ，「進行形にしない」！

55 第5文型の語法（1）
SVOCの全体像と解法

> What **makes** you want to be a computer programmer?

☐ SVOC の全体像

「第5文型（SVOC）」は「**SVOC をとる動詞に反応**」→「**O と C を把握**」→「**s'v' の関係を検討**」という3ステップが大切です。

(1) SVOC をとる動詞に反応　step 1：この動詞を見たら SVOC を予想！

> ① 使役動詞（make ／ have ／ let）
> ② 知覚動詞（see ／ hear ／ feel ／ find など）
> ③ 使役もどき（keep ／ leave ／ get など）
> ④ 命名・希望系（call ／ name ／ want など）
> ⑤ V 人 to ～（allow ／ enable など）
> ⑥ help（help 人 {to} 原形 など）
> ⑦ regard 型（regard A as B など）

こういった動詞を見たら「SVOC になるのでは？」と予測してください。

(2) O と C を把握　step 2：s'v' を考える！

> ① C に形容詞・名詞 → O = C と考える
> ② C に動詞関係（原形・分詞など）→ 主語 + 動詞の関係　※ s'v' と表記

The news made me happy.「その知らせは私を嬉しくした」→「その知らせを聞いて私は嬉しくなった」のような文はおなじみでしょう（C に形容詞）。

O と C にはもう1つ大事な関係があり，今回の見出しの英文のように C の部分に動詞がくる場合は**「主語 + 動詞の関係」**を考えてください。

→ make を見たら「作る」が浮かびがちですが，実際にはとある文型を最優先に考えることが重要です。今回の What makes you want to ～? の直訳と意訳をじっくり考えてみてください。

◀) 055

なぜプログラマーになろうと思うのですか？

(3) s'v' の関係を検討 step 3：「する」or「される」を意識する！

① **能動（s' が v' する）**：v' は ⋯⋯ (a) 原形／ to 不定詞 ※「原形」は使役・
　　　　　　　　　　　　　　　　 (b) -ing 　　　　　 知覚動詞のみ
② **受動（s' が v' される）**：v' は ⋯ p.p. ／ to be p.p.

　① (a) 原形／ to 不定詞 は 1 枚のカードだと考えてください（裏表の関係）。使役・知覚動詞なら 原形 をとれますが，逆に言えば to 不定詞 はとれないということです。「使役・知覚」という名前が与えられている特別待遇の動詞は「原形をとることができる」という「セレブ」扱いなんです。

※これを拡大解釈して「使役・知覚動詞は原形しかとらない」と勘違いする受験生が多いのですが，使役・知覚動詞は -ing・p.p. もとれます（-ing の例文は次項にて）。

The teacher had me come to the front of the class.
先生は私を教室の前に来させた。
※ me が主語, come が動詞の関係／「私が来る」という能動関係なので原形（come）

I had my smartphone's battery replaced for free.
私はスマホのバッテリーを無料で替えてもらいました。
※ my smartphone's battery が主語, replaced が動詞の関係／「バッテリーは替えられる」という受動関係なので p.p.（replaced）／ for free「無料で」

　今回の見出しの英文は, make OC「O を C にさせる」です。**直訳「何があなたをプログラマーになりたいと思わせるの？」**で,「あなたが～したいと思う」という能動関係なので，原形（want）が使われます。

重要ポイント **What makes you want to ～? は「なぜ～したいと思うの？」**

CHAPTER 07

139

56 第5文型の語法（2）使役・知覚動詞

> I often **find** myself wasting time on Instagram, but I don't think I'm addicted to it.

■ 使役動詞の詳細

　SVOC をとる代表的な動詞である「使役・知覚動詞」は「**原形をとることができる**」というセレブ扱いがポイントです。使役動詞は，すべて「〜させる」と訳せますが，ニュアンスの違いを解説しておきます。

(1) make（強制・必然）：「OC の状態を作る」→「**強制・必然的に〜させる**」というニュアンスです。必ずしも「無理矢理〜させる」とは限らず，「主語によって必然的・結果的に〜になる」というニュアンスでもよく使われます（The news made me happy.「その知らせで私は嬉しくなった」は無理矢理ではありませんよね）。

> I couldn't make myself understood in German.
> 私のドイツ語は通じなかった。　※ make *oneself* understood は直訳「自分自身が（周りの人から）理解されるようにする」→「話が通じる」

(2) have（利害）：「**利益**」や「**被害**」のニュアンスで使われます。I had my hair cut. は「髪が切られる」という受動関係です（この cut は過去分詞形）。「髪を切らせた・切ってもらった・切られた」など，どう訳してもいいのですが，事実自体は変わりません（普通は「切ってもらった」が多いでしょうが）。

(3) let（許可）：「**好きなように〜させてあげる**」というニュアンスです。let は必ず "let 人 原形" の形で，My boss let me take a day off.「上司は 1 日休みをとらせてくれた」のように使います（この let は過去形）。

■ 知覚動詞の詳細

　使役動詞は make, have, let の 3 つだけですが，知覚動詞はたくさんあります。ただし，入試では see, hear, feel, find だけで 9 割方解けますので，ま

→ 今回の英文にある find を見てどんな形を考えるべきなのでしょうか？　また，myself とその後にある -ing 形はどんな役割をしているか，どういう日本語にすると自然になるかを考えてみましょう。

◀)) 056

気がつくとインスタで時間を無駄にしちゃうことがよくあるけど，中毒ってわけじゃないと思うよ。

ずはこの4つを覚えて，あとは出てくるたびに追加していくのが効率的です。

重要な知覚動詞の例
see「見える」／ look at「見る」／ notice「気づく」／
watch「見る，観察する」／ hear「聞こえる」／ feel「感じる」／
think「思う」／ consider「考える，みなす」／
find「わかる，気づく」／ catch「目撃する」

Rika saw him drop his wallet.
リカは彼が財布を落とすところを見た。　　※ see OC（C に原形）

Several witnesses saw a suspicious man walking into the building.
何人かの目撃者が怪しい男がそのビルに歩いて入っていくところを見た。
※ see OC（C に -ing）がきた形で「歩いて入っているその途中」というニュアンス／
witness「目撃者」／ suspicious「怪しい」

　今回の見出しの英文は find OC の形で，C に -ing がきています。**I find myself -ing は，直訳「私は自分自身が〜していると気づく」→「つい〜やっちゃうんだよね」** という感じで使える便利な表現です。後ろは waste 時間 on 〜「時間 を〜で無駄にする」の形です。

※後半は（△）I think {that} I'm not 〜 より，（○）I don't think {that} I'm 〜 のほうが自然です（not を前に持ってきても文意が変わらない場合は「肯定か否定か」を早く示す）。be addicted to 〜「〜中毒だ，〜に依存している」は SNS 関連で大事な表現です。

重要ポイント　使役動詞は make, have, let,
知覚動詞は see, hear, feel, find をチェック！

57 第5文型の語法（3）「使役もどき」の語法

Jessica **kept** her friends waiting for 30 minutes while she got ready to go.

■ 使役動詞とは違う！

keep ／ leave ／ get を見たら，まずは SVOC を予想しましょう。3つのステップ（SVOC をとる動詞に反応 → OC を把握 → s'v' の関係を考える）も意味も使役動詞に近いものの，使われ方に決定的な違いがあります。使役動詞に与えられた特権（C に原形をとれる）がないので，本書では「使役もどき」として明確に区別します。

> **「使役もどき」の動詞**　※基本：keep ／ leave ／ get, 応用：set ／ hold
> □ keep「O を C の状態に保つ」／□ leave「O を C の状態のまま放っておく」／□ get「O に C させる」／□ set「O を C の状態にする」／□ hold「O を C の状態に保つ」（keep よりも短時間のイメージ）

■ keep ／ leave を使った重要表現

keep ／ leave の語法でよく出るのが「～させっぱなし」を表すパターンです。

> **「～させっぱなし」の５パターン**
> ① 水流しっぱなし ‥‥‥‥‥‥ leave[keep] the water **running**
> ② エンジンかけっぱなし ‥‥‥ leave[keep] the engine **running**
> ③ 彼女待たせっぱなし ‥‥‥‥ keep[leave] her **waiting** ※ keep が普通
> ④ ドアにカギかけっぱなし ‥‥ keep[leave] the door **locked**
> ⑤ 窓開けっぱなし ‥‥‥‥‥‥ leave[keep] the window **open**
> ※形容詞 open

※ keep は「わかっててほったらかし」，leave は「無意識・意識的にほったらかし」の両方（文脈判断）ですが，この違いまでは入試で問われません。

→ 今回の英文にある keep を見て「どんな形」を考えるべきでしょうか？また，後ろの her friends と waiting が「どんな関係」になっているのかも考えてみてください。

◀)) 057

> ジェシカは外出の準備をする間，友達を 30 分待たせてしまった。

今回の英文は keep 人 waiting「人を待たせっぱなしにする」という，文法問題や英作文で超頻出のパターンです。「待たされる」と思って waited を使うミスが多いのですが，あくまで「人が待つ」という能動関係なので，必ず waiting を使う点に注意してください。

➕α　get のやっかいな語法

get は使役動詞ではないので，（×）get 人 原形 の形は存在しません。原形ではなく to 〜 をとり，get 人 to 〜「人に〜させる」となります。

ただし，受動関係なら get 人 *p.p.*「人が〜されるようにする」の形です。この場合，例外的に to は不要で，（×）get 人 to be *p.p.* にはならないのです。

※受動関係のときは使役動詞のマネをして，ダイレクトに *p.p.* をとります（make 人 *p.p.* ／ have 人 *p.p.* みたいに）。「受動関係のときだけ，どさくさにまぎれて憧れのセレブ（使役動詞）のマネしちゃう」みたいなイメージです。

---

① get 人 to 〜「人に〜させる」　※「人が〜する」という能動関係
② get 人 *p.p.*　「人が〜されるようにする」　※「人が〜される」という
　　　　　　　　　　　　　　　　　　　　　　　　　　受動関係

The insurance salesman got me to buy insurance.
保険の営業マンが私を保険に加入させた。　※ buy insurance「保険に入る」

Ami got her car's oil changed.
アミは車のオイルを交換してもらった。　※人の部分に物が入った形

語句　get ready to 〜　〜する準備をする

重要ポイント　keep 人 waiting は「人を待たせっぱなしにする」！

58 第5文型の語法（4）
"SV 人 to 原形"

> Online courses **enable** adults **to** learn new skills, even if they aren't full-time students.

□ SV 人 to ～ の形は SVOC になる

この形をとる（C に to ～ をとる）動詞は無数にあります（セレブの使役・知覚動詞と違って「名もなき庶民」というイメージです）。to 不定詞には**「未来志向」**があるので，どの動詞にも**「これから～することを V する」**という意味を含みます。たとえば allow 人 to ～ なら「これから人が～することを許可する」となります（「未来志向」については ⇒ p.164）。

SV 人 to ～ をとる動詞

allow・permit「許可する」／ want「望む」／ ask「頼む」／ advise「勧める，忠告する」／ expect「期待する」／ need「必要がある」／ urge「説得する，強く迫る」／ enable「可能にする」／ cause「引き起こす」／ encourage「励ます」／ incline「する気にさせる」／ determine「決心させる」／ force・oblige・compel「強制する」／ order「命令する」／ require・request「要求する」

※ incline や determine など，受動態の形（be *p.p.* to ～）でしかほぼ使われない動詞もありますが，元の形を知っておくことは有益です。

□ 長文や英作文で大活躍する発想

「SV 人 to ～ の形は第5文型（SVOC）になる」とおさえてください。SVOC は**「S によって O が C する」**と訳すときれいな日本語になるのですが，"SV 人 to ～"も同じように考えれば OK です。長文や和訳問題で重宝します。

> ▶ SV 人 to ～ → SVOC
> →「S によって O が C する」という意味になる！

今回の英文で使われている enable 人 to 〜 はどんな意味で覚えましたか？ 単に「人が〜することを可能にする」と習ったと思いますが，訳がカタくなるので，自然な和訳を考えてみてください。

 058

オンライン講座のおかげで，正規の学生でなくても大人が新しいスキルを学ぶことができる。

英文上での形	S	V	人	to 〜
文型（第5文型）	S	V	O	C
英文での「働き」	M'	×	s'	v'
和訳	「Sによって」	（ナシ or 動詞に + α の意味）	「Oが」	「Cする」

「Vの和訳」の部分にある「動詞に + α の意味」とは，たとえば enable「可能にする」の場合，「助動詞 can のニュアンス」を付け加えて**「Sのおかげで人が〜できる」**とすることです。今回の英文で考えてみましょう。

Online courses enable adults to learn new skills, even if 〜
    S   V   O   C
  (M') (×)   s'   v'

（△）オンライン講座は大人が新しいスキルを学ぶことを可能にする。
（◎）オンライン講座のおかげで，大人は新しいスキルを学べる。

ちなみに「〜のおかげで…できる」を表すとき，Thanks to 〜 , SV.「〜のおかげで SV だ」ばかり使うと冗長になりがちです。そこで **S enable 人 to 〜「Sのおかげで人は〜できる」**を使うと，引き締まった文体になるのです。

※他に S allow[permit] 人 to 〜／S make it possible for 人 to 〜「Sのおかげで人は〜できる」も便利です（it は仮目的語，to 〜 が真目的語）。

重要ポイント　S enable 人 to 〜 は
　　　　　　　「Sのおかげで人は〜できる」と考える！

59 第5文型の語法（5）
helpの語法

Talking with friends regularly **helps** elderly people reduce their risk of dementia.

☐ 庶民からセレブに仲間入りしつつある help

現代英語において help は変わった存在です。本来は庶民出身で，help 人 to 原形 の形（to をとる）でしたが，じわじわと成長してセレブ階級（原形 をとれる）にも出入りできるようになり，ついには **help 人 原形** の形でも使えるようになりました。**to を省略**することができる，超特殊な動詞なのです。

> **help の語法**
> **(1) 直後に人：**
> ① help 人 to 原形 ／ help 人 原形 「人 が〜するのを手伝う」
> ※ to は省略可
> ② help 人 with 〜 「人 の〜を手伝う」
> ※（×）help my work　（○）help me with this work
> **(2) 直後に原形：** help to 原形 ／ help 原形 「〜するのに役立つ」
> **(3) help を使った熟語：** help *oneself* to 物 「物 を自由に飲食する・使う」

☐ 英作文でも help はよく狙われる

文法問題でよく出るのはもちろん，和文英訳でもよくポイントになります。

入試問題で確認

> (1) おかあさんが食器をかたづけるのを手伝ったら？　（10 語）
> [Why / your mother / put]　　　　　　　　　　　　　　（早稲田大）
> (2) この仕事を手伝っていただければありがたいのですが。
> I would appreciate it _____.　（関西学院大）

146

→ 今回の英文にある help はどんな形で使われているでしょうか？ また，reduce の品詞は何でしょうか？ そしてなぜこの形なのかまで考えてほしいと思います。

🔊 059

友人と定期的に話すことは，高齢者が認知症になるリスクを軽減するのに役立つ。

(1)（解答例 Why don't you help your mother put away the dishes?）

　※日本文「手伝ったら？」と語群中の Why に注目して，Why don't you 〜?「〜したら？」という提案表現にします。後ろは help 人 原形「人 が〜するのを手伝う」の形にすれば OK です。また，put away は直訳「離れたところに（away）置く（put）」→「片付ける」という重要熟語です。throw away「離れたところに（away）投げる（throw）」→「捨てる」と混同しないように注意しましょう。

(2)（解答例 I would appreciate it <u>if you could[would] help me with this work[job]</u>.）

　※I would appreciate it if you could[would] 〜「〜していただければありがたいのですが」という丁寧な依頼表現の後ろは，help 人 with 物「人 の 物 を手伝う」の形にします。

➕α 自由英作文でも重宝する help

　さらに自由英作文でも help は便利です。If sv, S {can} 〜「もし sv すれば〜できる」を使う代わりに，S help 人 {to} 原形「S は 人 が〜するのを助ける」→「S は〜するのに役立つ・S は〜する一助になる・S のおかげで〜できる」といった感じで使えることがよくあるのです。実は今回の英文も，以下のように If sv, SV. の言い換えとして使うことができます。

　　If elderly people talk with friends regularly, their risk of dementia will
　　be reduced.
　　→ Talking with friends regularly helps elderly people reduce their risk
　　　of dementia.　※見出しの英文（help 人 原形）

語句　regularly 副 定期的に／ elderly 形 高齢の／ dementia 名 認知症

重要ポイント　**to が省略された "help 人 原形" の形に注意！**

147

60 第5文型の語法（6）regard型の動詞

Many advocates for plant-based diets **regard** them **as** healthier than one that includes meat.

□ V A as B は「A を B とみなす」

動詞が何であれ "V A as B" という形は**「A を B とみなす」**という意味になるのが原則です。My father uses the box as a chair. という文では（use の意味は常識ですがあえて知らないつもりで考えると）"V A as B" の形から「父はその箱をイスとみなす」で大体の意味が伝わりますね。つまり use を知らなくても，満点ではないのですが，「みなす」で内容を理解できるのです。

□ V A as B の形をとる動詞

V A as B を好む動詞をチェックしておきましょう。その形であればすべて「みなす」で処理できますが，参考までに代表的な訳語も載せておきます。

---

regard 型の動詞　V A as B「A を B とみなす」

● 文法問題で頻出：regard「みなす」／ look on「みなす」／ think of「考える」

● 長文で頻出：see「みなす」／ view「考える」／ take「受け入れる」／ identify「同一視する」／ refer to「言う，呼ぶ」／ describe「説明する」／ recognize「認識する」／ interpret「解釈する」／ define「定義する」／ treat「扱う」／ quote「引用する」／ consider「考える」

今回の英文では，Many advocates for plant-based diets「植物由来の食事を支持している多くの人」が主語で，regard が動詞です。全体は **regard A as B「A を B とみなす」**の形になっています（as は前置詞）。「them（= plant-based diets）を healthier とみなす」ということです（them は主

→ 今回の英文の動詞 regard とセットになる単語はどれでしょうか？
また，その単語の「品詞」も考えてみてください。

◀) 060

植物由来の食事を支持している人の多くは，肉を含む食事よりも植物由来の食事のほうが健康的だと考えている。

語の Many advocates for ～ ではありません。S と O が同じ場合は oneself 型の代名詞（再帰代名詞）を使うので，themselves となるはずです）。

※ as 以下の one は前に出てきた diet を受けて，one that includes meat「肉を含む食事」となっています（that は関係代名詞）。one は後置修飾できるのでしたね（⇒ p.100）。

➕ⓐ 受動態／B の形／例外について

(1) 受動態でもよく使われる

A is *p.p.* as B.「A は B とみなされている」という形もよく出てきます。

Henry Ford is regarded as a pioneer of the automobile industry.
ヘンリー・フォードは自動車産業の先駆者だと考えられている。

(2) B に形容詞や分詞がくることも

as は前置詞なので本来は後ろに名詞がくるのですが，"V *A* as *B*" の形では *B* に形容詞（分詞）がくることも許されます（しかもよく出てくる）。今回の見出しの英文でも，*B* には形容詞 healthy の比較級 healthier がきていますね。

※ A = B が O = C と混同されて，「*B* に形容詞」が許されるのではないかと思います。

(3) V *A* as *B* の例外 ※「みなす」という意味にならないもの

☐ S replace O as ～「～として，S は O の代わりになる」
☐ S strike[impress] 人 as ～「S は人に～という印象を与える」

語句 advocate 名 支持者，提唱者／ plant-based 形 植物由来の／ diet 名 食事／
include 動 含む

重要ポイント "V *A* as *B*" の形は「A を B とみなす」と考える！

CHAPTER 07

　　自動詞 vs. 他動詞と SVOC の語法は文法問題で超頻出なので，ここでは実際の入試問題を通して解法を確認しておきましょう。

> (1) 次の文において，間違っている箇所を 1 つ選び，その間違いを正しく直しなさい。
>
> ① He refuses to answer to anyone, ② so we won't even ③ discuss about the possibility of ④ giving him the position.　　　　　　　（早稲田大）
>
> (2) 次の空所に入る最も適切な選択肢を 1 ～ 4 から選びなさい。
>
> I had my neighbor (　　) the leak in the kitchen.
>
> 1. repair　　2. repaired　　3. to repair　　4. to have repaired　（関西学院大）
>
> (3) 次の空所に入る最も適切な選択肢を 1 ～ 4 から選びなさい。
>
> I had my bike (　　) yesterday.
>
> 1. fix　　2. fixed　　3. to be fixed　　4. was fixed　（立命館大）
>
> (4) 次の空所に入る最も適切な選択肢を 1 ～ 4 から選びなさい。
>
> I often see you and Joe (　　) at the cafeteria.
>
> 1. chatted　　2. have chatted　　3. chatting　　4. be chatting　（広島工業大）
>
> (5) 次の空所に入る最も適切な選択肢を 1 ～ 4 から選びなさい。
>
> Doesn't it make sense to keep the engine (　　) while parked for just a short time?
>
> 1. run　　2. to run　　3. running　　4. is running　（東京経済大）

(1) （解答 ③ discuss about the possibility of → discuss the possibility of）
　　彼は誰にも答えようとしないので，私たちは彼にその地位を与える可能性について話し合うつもりすらない。

　　※ discuss は他動詞なので，about は不要／① refuse to ～「～を拒む」は後ろに不定詞をとる動詞（⇒ p.167）／ answer は answer the question「質問に答える」などの場合は他動詞だが（⇒ p.136），自動詞としても使える。

(2) （解答 1）近所の人に台所の水漏れを修理してもらった。
　　※使役動詞 have に注目 →「近所の人が修理する」という能動関係

(3) （解答 2）私は昨日，自転車を修理してもらった。
　　※使役動詞 have に注目 →「自転車が修理される」という受動関係

(4) （解答 3）カフェテリアであなたとジョーがおしゃべりしているのをよく見かけます。
　　※知覚動詞 see に注目 →「あなたとジョーがおしゃべりしているのを見る」という能動関係

(5) （解答 3）ほんの少し駐車しておく間なら，エンジンをかけっぱなしにしておいたほうが理にかなっていませんか？
　　※使役もどきの keep に注目 → keep the engine running「エンジンをかけっぱなしにする」のパターン

CHAPTER 08

不定詞

このCHAPTERでは以下の内容がスラスラと言えるようになります。
（※答えは本編各見開きの右下「重要ポイント」で確認してください）

61 不定詞の名詞的用法は ⬚⬚⬚⬚「…することは～だ」の形でよく使う

62 something to write の後は ⬚⬚⬚ ／ ⬚⬚⬚ ／ ⬚⬚⬚ を
使い分ける

63 「～する能力」は ⬚⬚⬚ ，「～が持つ能力」は ⬚⬚⬚ ／ ⬚⬚⬚

64 「SVだが，結局～しただけだ」は ⬚⬚⬚

65 "S is 難易形容詞 to ～"では後ろの to ～ は「⬚⬚⬚」な形

66 「～があったようだ」は ⬚⬚⬚

67 to をとる動詞には「前向き⬚⬚⬚志向」が多い

68 「⬚⬚⬚」（例：happen）や「⬚⬚⬚」（例：hesitate）の
イメージの動詞も to をとる

69 be to ～ の意味は「⬚⬚⬚」と考える

61 不定詞の基本と名詞的用法・仮主語構文

It is a good idea **to** confirm the reliability of news sources before sharing them on social media.

■ 不定詞の正体と「名詞的用法」

　たとえば動詞 run は「走る」ですが，これに to をくっつけて，to run にすると，名詞「走ること」になります。このように動詞にくっついて "to + 動詞の原形" の形になるものを「to 不定詞」と言います。run → to run の形にすることで，3つの品詞（名詞・形容詞・副詞）に変えることができます。"to + 原形" が，名詞・形容詞・副詞と同じ働きをするのが不定詞の正体なんです。

　"to + 原形" が「名詞の働き」をするときは（不定詞の）「名詞的用法」と呼ばれます。名詞の働きは「S・O・C のどれかになる」ことです。つまり "to + 原形" が S・O・C になるわけですが，どれであれ「名詞の働き」には変わりはないので，意味は名詞っぽく「～すること」となります。以下で名詞が不定詞に置き換わるイメージを確認してください（以下では C になっています）。

My dream is a secret .「僕の夢は 秘密 です」
↓　　　※名詞 a secret → 名詞的用法 to work in Silicon Valley に置き換わる感覚
My dream is to work in Silicon Valley .「夢は シリコンバレーで働くこと 」
(×) My dream is work in Silicon Valley . ※動詞は補語(C)になれない！

■ 「形式主語・仮主語」という考え方

To confirm the reliability of news sources before sharing them on social media is a good idea. という文では，To confirm ～ social media までが主語で，is が動詞です。ここから主語を丸ごと後ろに移動して，空白になった部分を「形式的に仮に置く主語」として It で埋め合わせます。
　※英語には主語が必要なので，形だけでも「仮に」主語を置かないといけません。

今回の英文で，文頭にある It はどんな働きをしているでしょうか？説明するのが難しければ「『それ』と訳すか否か？」と「to ～ は何用法か？」を考えてみてください。

◀) 061

ニュースを SNS でシェアする前に，その情報源の信頼性を確認したほうがいいでしょう。

It is a good idea to confirm the reliability of news sources before ～
▲ 形だけの仮の主語　　▲ 本当の主語

　このような It を「形式主語」，もしくは「仮主語」と呼び，日本語訳はありません。間違っても「それ」と訳さないでください。文全体を訳すときは，元の形（To confirm ～ is a good idea.）のつもりで「～を確認することは良い考えだ」とすれば OK です（つまり訳は変わらない）。
　また，後ろ回しになった本当の主語（to ～）は「真主語」と呼ばれます。

CHAPTER 08

入試問題で確認

次の日本文に合うよう，語群を適切な順番に並び替えなさい。
大学へ行くには，駅からバスを利用するのが一番です。
To get to the university, [a / is / to / it / best / take / bus] from the station. （東京経済大）

（解答 To get to the university, it is best to take a bus from the station.）

※文頭の To ～ は副詞的用法「～するために」で，その後に it is ～ to ... という仮主語構文がきます。ちなみに，to 不定詞が主語になった形（To ～ is ...）は問題集で頻繁に出てきますが，実際の英文ではかなり少ないです。

語句 confirm 動 確認する／ reliability 名 信頼性／ source 名 情報源／ social media ソーシャルメディア，SNS

重要ポイント **名詞的用法は It is ～ to ...「…することは～だ」の形でよく使う！**

62 不定詞 形容詞的用法(1) 成立要件

I'm trying to think of **something interesting to write about** on social media.

☐ 形容詞的用法を使うための「条件」

不定詞が名詞を修飾する用法を「(不定詞の) 形容詞的用法」といいます。ただし1つ注意が必要で，日本語の場合は「前から修飾」ですが，英語の形容詞的用法は**「後ろから修飾」**となります。日本語「勉強する 時間 」では前から修飾していますが，time to study では to study が後ろから修飾しています。そして，この形容詞的用法を使うには「条件」が存在します。

形容詞的用法になる条件 ※以下のどれかが成立すれば OK

(1) SV の関係

I want someone to love me. 「私を愛してくれる人がほしい」
　　　　　 S　　　 V　　　　　 ※ someone が S, to love が V の関係

(2) VO の関係

① 他動詞　I want someone to love. 「私は愛する人がほしい」
　　　　　　　　　　　 O　　 V　　　　 ※ someone が O, to love が V の関係

② 自動詞＋前置詞　I have no friends to play with.「私には一緒に遊
　　　　　　　　　　　　　　 O　　　 V　　　　ぶ友達がいない」

※ no friends が O, to play with が V の関係（自動詞＋前置詞で1つの他動詞扱い）

(3) 同格関係 ※ 抽象名詞 + to ～ の形

① 元々 to をとる表現が名詞化されたものを修飾する関係

She accepted my decision to study abroad.

「彼女は私が留学するという決断を受け入れてくれた」

※ decide to ～ が decision to ～ になった

②「時間・場所・方法」など特定の名詞を修飾する関係

I didn't have time to do my homework. 「宿題をする時間がなかった」

今回の英文の something interesting to write about はどういう意味でしょうか？　何となく「書くのがおもしろい何か」などと訳してはよくわかりませんね。英文全体の内容をヒントに考えてみましょう。

◀)) 062

> SNS に書けるおもしろいネタを考えようとしているところだよ。

　(1) の someone to love me は**「SV の関係」**で，Someone loves me. が前提になります。「私を愛してくれる人がほしい」ということです。

　(2) ①の someone to love は**「VO の関係」**で，love someone が前提になります。「私は愛する人がほしい」ということです。

※この英文では「他動詞 love の目的語がない」のがポイントです。

☐ 前置詞が残る形

　「何か書くもの」という日本語には，「何か書く道具」「何か書く紙」「何か書く話題」の 3 つの可能性がありますが，英語では前置詞を使ってハッキリ示すことになります。この区別は英作文でもよくポイントになります。

　(1) If you need something to write with, raise your hand.
　　　何か書くもの（筆記用具など）が必要な方は手を上げてください。
　　　※ write with a pen の形が前提（道具「〜を使って」の with）

　(2) I don't have any paper. Can I have something to write on?
　　　紙がないんです。何か書くもの（紙など）はもらえますか？
　　　※ write on a sheet of paper の形が前提（「紙の上に」という on）

　そして今回の見出しの英文では，**write about a topic「ある話題について書く」**が前提で，**something interesting to write about「何か書けるおもしろいもの（話題・ネタ）」**という形になっているわけです。

※形容詞が入って，"something 形容詞 to 〜" の形になっている点もチェックを。

重要ポイント　**something to write の後は with ／ on ／ about を使い分ける！**

63 不定詞 形容詞的用法（2）抽象名詞の修飾

My ability to read English makes it possible for me to obtain a lot of information from websites.

□ 同格関係は「抽象名詞」がポイント

「SV・VO の関係」は，修飾される名詞が**具体名詞**（friend, book, house など）のときが多いです。一方，特定の**抽象名詞**（time, ability など目に見えない抽象概念）の後に to が続くと**「同格関係」**になります。たとえば time to study English なら，抽象名詞 time を to study English が修飾します。

※これは time と to study English を同格に並べて詳しく言い換えていると捉えます。

以下の①と②の2パターンをチェックしておきましょう。

> ① 元々 to をとる表現が名詞化されたもの
> plan「計画」／ need「必要性」／ wish「願い」／ promise「約束」／ decision「決定」／ ability「能力」／ attempt「試み」／ intention「意図」／ tendency「傾向」／ desire「（強い）願望」／ refusal「拒絶」

The government announced its plan to stimulate the economy.
政府は経済を活性化させる策を発表した。 ※ stimulate「刺激する，活性化する」

be able to ～ のように元から to を伴う単語は，名詞化しても（ability になっても）そのまま to を受け継ぎます。

be able to ～「～することができる」

↓

ability to ～「～する能力」 ※ to ～が直前の ability を修飾する

ここで ability の使い方には注意が必要です。英作文で「～の能力」という表現がよく出るからです。たくさんの受験生が「～の能力」という日本語から ability of ～ と書いてしまいますが，この「の」は吟味する必要があります。

➡ 「〜の能力」を英語にするとき, ability of 〜 とするとミスになること
が多いです。今回の英文では My ability to 〜 という形に注目して, なぜ to
なのかを少しだけ考えてみてください。

◀)) 063

私は英語が読めるおかげで, ウェブサイトから多
くの情報を得ることができる。

「〜の能力」 ➡ 「〜する能力」 → ability to 〜
　　　　　➘ 「〜が持つ能力」 → ability of 〜／*one's* ability

たとえば「外国語習得の能力」なら, ability to pick up a foreign language
(pick up「身につける」) ですが, 「子どもの能力」なら, ability of children
となります。このように日本語の「の」にはいくつかの可能性があるのです。
今回は **"*one's* ability to 〜"** のパターンで, **My ability to 〜「私の〜する
能力／私が〜できること」** が主語です。全体は S make it possible for 人 to
〜「S のおかげで 人 は〜できる」の形で (⇒ p.145),「私の英語を読む能力
(私が英語が読めること) のおかげで, 私は〜できる」となります。

② 「時間・場所・手段」などの特定の名詞　※関係副詞の先行詞が多い！
● **時間** : time「時間」／ chance・opportunity「機会」
● **場所** : place「場所」
● **手段** : way「方法」／ money「お金」　※ money は「物を買う手段」

Many people believe the best way to learn a language is to talk with
native speakers.
多くの人は, 外国語を習得するのに一番良い方法はネイティブと話すこ
とだと考えている。　※ 1 つ目の to は形容詞的用法, 2 つ目の to は名詞的用法

重要ポイント　**ability to 〜「〜する能力」と ability of 〜／*one's*
ability「〜が持つ能力」を区別する！**

64 不定詞 副詞的用法（1）目的・結果系／理由系

> They arrived at the airport **only to** find that their flight had been canceled.

□ to 不定詞が「名詞以外を修飾する」

　to 不定詞が「名詞以外を修飾」するときは「副詞の働き」になるので，「不定詞の副詞的用法」と呼ばれます。たくさんの用法が羅列されがちですが，まずは「(1) 目的・結果系」「(2) 理由系」と大きく分けて整理していきます。

(1) 目的・結果系

① 目的「～するために」 【判別】意志を持つ動作動詞（study など）

　「意志を持つ動作動詞」があるかがポイントです。わざわざ意志を持って何かをするからには「目的」が必要で，それを to ～ で説明するわけです。

> Jonathan changed jobs in order to spend more time with his family.
> ジョナサンは家族との時間を増やすために転職した。
> ※ in order to ～ で「目的」の意味だと明示することもよくある

② 結果「その結果～だ」 【判別】無意志動詞（live など）

　「無意志動詞がある」ときは「結果」用法となります。

「結果」用法で使われる無意志動詞

□ live to ～「～するまで生きる」　※直訳は「生きてその結果～する」
□ grow up to ～「成長して～する」　※直訳は「成長してその結果～する」
□ wake[awake] to ～「目が覚めて～する」
　　　　　　　　　　　　　　　　※直訳は「目が覚めてその結果～する」

> She awoke to find herself in the nurse's office.
> 彼女は目を覚ますと保健室にいた。
> ※ awoke to find ～「目が覚めて，その結果～だと気づいた」→「目を覚ますと～だった」／ nurse's office「保健室」

→ 今回の英文の to はどんな用法で使われているでしょうか？ また，今回の英文にあえて "コンマ" を入れて区切るとしたら，どこになるか考えてみてください。

🔊 064

彼らは空港に着いたが，結局フライトが欠航になっていたとわかった。

「結果」用法の重要熟語
☐ SV only to ～ 「SV だが，結局～しただけだ」
☐ SV never to ～ 「SV して，二度と～しない」

今回の英文（They arrived at the airport only to find that ～）は，SV only to ～ のパターンです。受験生は「必ずコンマがつく（SV, only to ～）」と勘違いしがちですが，実際にはコンマなしの形でもよく使われます。

※ only to ～の後ろでは「着いた」という過去よりも前に「フライトが欠航になった」ので，大過去を表す過去完了形（had *p.p.*）が使われています（受動態で had been *p.p.*）。

(2) 理由系
① 感情の原因「～が原因で，～して」【判別】感情表現＋to ～

感情表現（happy, glad, sad, sorry, surprised など）の後ろにきた to ～ は「その感情の理由」を表します。たとえば be happy to ～ は「～して嬉しい」です（これからのことに対して「喜んで～する」の意味もある）。

② 判断の根拠「～するなんて」【判別】判断表現・主観表現（人の性質など）

must「～に違いない」のように判断したり，crazy「どうかしてる」という主観的な判断をした後に続く to ～ は「その判断の理由」を示します。

He must be crazy to think it is easy to get rich by investing in stocks.
株式投資で裕福になるのが簡単だと考えているなんて，彼は頭がおかしいに違いないよ。

※ must と crazy が目印／ stock「株式」

重要ポイント SV only to ～ は「SV だが，結局～しただけだ」！

65 不定詞 副詞的用法(2) 熟語表現と難易形容詞

> If you're worried about studying in the UK, you should talk to Sue. She's from there, and she's very **easy to talk to**.

□ 限定用法① 熟語になるもの

前項では副詞的用法の「目的・結果／理由」系の意味を解説しましたが,今回は「限定（〜する点において）」の用法を解説していきます。

不定詞には形容詞・副詞の意味を「**to 〜 の範囲内に限定する**」用法があります。この用法は, too ... to 〜, ... enough to 〜 の形でおなじみです。

It's too hot to go outside today.
今日は外出するには暑すぎるね。

※ too ... to 〜「あまりに…なので〜できない」と習うので,「暑すぎて外出できない」でもいいのですが, 本来は「今日外出するという点において（外出することに限定すれば）暑すぎる」ということです。

□ 限定用法② 難易形容詞を修飾するもの

difficult や easy といった「難易」を表す形容詞を修飾する用法があります。

難易形容詞の例

● 難しい系：difficult・hard・tough「難しい，困難な」／
dangerous「危険な」／ impossible「不可能な」

● 易しい系：easy「易しい」／ pleasant「楽しい」／ interesting「興味深い」／ convenient「便利な，都合のよい」／
safe「安全な」

※「難しい（difficult）」→「危険（dangerous）」→「もはや不可能（impossible）」,「易しい（easy）」→「楽しい（pleasant）」と連想してまとめるといいでしょう。

→ 今回の英文の文末 she's very easy to talk to は，前置詞 to で終わっています。なぜこんな形になるのか，そしてそれを引き起こす単語はどれなのかを解説していきます。

 ◀) 065

イギリス留学に不安があるなら，スーに話してみるといいよ。彼女はイギリス出身で，とても話しやすいから。

難易形容詞の使い方

(1) 仮主語 It の文（名詞的用法）
- ▶ It is 難易形容詞 to 〜 ← to 以下が**完全**になる

(2) 不定詞内での「目的語」を文頭に出す（副詞的用法）
- ▶ S is 難易形容詞 to 〜 ← to 以下が**不完全**になる

(1) → (2) へ書き換えるイメージを持つと理解しやすくなります。

(1) It is very easy to talk to Sue .「スーに話しかけるのはとても簡単だ」

(2) Sue is very easy to talk to φ.「スーはとても話しかけやすい人だ」
　　　　　　　　　　　　　　　　↑欠けた状態（= 不完全）

Sue というカードを切り取って文頭に移動するイメージです。切り取った部分は何もない状態，つまり**（名詞が欠けた）「不完全な状態」**になるのがポイントです。talk to の後が「不完全」ですね（自動詞 talk だけで終わると「完全」になってしまう）。

　難易形容詞は，今回のように前置詞で終わるときと，以下のように前置詞が続くように見えるときにミスが増えるので注意が必要です。

This river is dangerous to swim in in September.
この川は 9 月に泳ぐには危険だ。　※ swim in の後ろが欠けた「不完全」／in が続くように見えるが，単に後ろに in September がきているだけ

重要ポイント "S is 難易形容詞 to 〜 （不完全）" の形をチェック！

CHAPTER 08

66 不定詞の意味上の主語・否定形・完了不定詞

> There seems **to have been** a misunderstanding between us. Let me try to explain.

■ 不定詞の意味上の主語：for 人 to ～「 人 が～する」

to 不定詞の動作主「誰がするのか」を示すときは "for 人 to ～" の形にします。これは（不定詞の）「意味上の主語」と呼ばれます。英文のメインの主語ではなく，あくまで「不定詞の動作主だけを示す主語」のことです。

(1) It is hard to remember people's names.
「人の名前を覚えるのは大変だ」
▼ "for 人" を追加
(2) It is hard for me to remember people's names.
「私は人の名前を覚えるのが難しい／人の名前を覚えるのが苦手なんだ」

(1) では to ～ の主語は明示されていないので，「一般論」を表すことになります。一方，(2) では不定詞の意味上の主語 "for 人" が主語の役目をして，「私が人の名前を覚えること」を表すわけです。

■ 不定詞の否定形：not to ～

to 不定詞の動作を否定するときは，**not を to の直前に置きます**（not to ～）。たとえば，I told him to go there.「私は，彼がそこに行くように言った」→ I told him not to go there.「私は，彼がそこに行かないように言った」となります。to の直前にある not が to go there を否定するわけです。

※もし told を否定するなら，動詞部分を否定にします（didn't tell）。
参考：I didn't tell him to go there.「私は，彼がそこに行くようには言わなかった」

■ 完了不定詞：to have *p.p.*

（ここまで学んできた）普通の不定詞（to + 原形）は「主節と同じ時制」もしくは「主節から先（未来）の時制」（次項で解説）を表します。

→ 今回の to have been は to の後に完了形（have been）がきた形で「完了不定詞」と呼ばれます。この to have been がどんな役割を果たすのか（なぜ to be でないのか）を解説していきます。

◀》 066

私たちの間には，何か誤解があったようです。説明させてください。

He seems to be rich. 「彼は金持ちのようだ」　※「今」rich だと，「今」予想
　　※ seems と同時制（= It seems that he is rich.）

　一方，to の後に「完了形」（have p.p.）がくると，**「主節より1つ前の時制」** を表します。この to have p.p. の形を「完了不定詞」といいます。

He seems to have been rich in his thirties.
「彼は30代の頃は金持ちだったようだ」　※「過去」に rich だったと，「今」予想
　　※ seems より1つ前の時制（= It seems that he was rich in 〜 .）

CHAPTER 08

　seems は現在形なので，to have been は **「現在形より1つ前」=「過去」** を表します。「（今，目の前にいる彼は金持ちには見えないけど，振る舞いや話から判断すると）どうも昔は金持ちだったみたい」といった場面で使われます。　※「過去」以外に「その時点までの完了」を表すこともあります。

　今回の見出しの英文は There is 構文と完了不定詞が組み合わさった形です。There is 〜「〜がある」→ There seems to be 〜「〜があるようだ」（現在の予想）→ **There seems to have been 〜**「〜があったようだ」（完了不定詞で「過去」のことを「今」予想）となりました。There seems to have been a misunderstanding between us. は，「過去に私たちの間で誤解があったと，今予想している」わけです。
　※2文目は let OC の形で，直訳は「私が説明しようとすることを許可して」です。

重要ポイント　**There seems to have been 〜 は「〜があったようだ」！**

67 後ろにtoをとる動詞（1）

> We **seek to** promote diversity and inclusion in the workplace through ongoing training and education.

■ to が持つ「未来志向性」

to には前置詞と不定詞の2つの働きがあり，形はもちろん違いますが（前置詞は "to ＋ 名詞"，不定詞は "to ＋ 原形"），実はどちらの to にも「矢印（⇒）」のイメージがあります。たとえば，I went to the café. では，「私⇒カフェ」というイメージですね。不定詞も同じく，I want to swim in the sea.「私は海で泳ぎたい」では，to が want の「（〜したいという）気持ちが向かう方向」を表す矢印のイメージで,「これから泳ぐこと」というニュアンスを持つのです。以上から，to 不定詞は「**前向き未来志向**」とまとめられます。

■ 「（後ろに）to をとる動詞」の特徴

to は「前向き未来志向」というイメージをつかめば，たとえば decide は「（これから〜することを）決める」わけですから，**前向き未来志向の to と相性が良い**とわかります。このイメージを念頭に以下をチェックしましょう。

後ろに to 〜 をとる動詞① 希望・計画・決心・同意
want to 〜・hope to 〜・wish to 〜「〜したい」／ would like to 〜「〜したい」※丁寧／ plan to 〜「〜する予定だ」／ **promise to 〜**「〜することを約束する」／ mean to 〜・**intend to 〜**「〜するつもりでいる」／ decide to 〜「〜することに決める」／ expect to 〜「〜するつもりだ」／ agree to 〜「〜することに同意する」／ **vote to 〜**「〜することを可決する」／ offer to 〜「〜しようと申し出る」／ **volunteer to 〜**「〜することを進んで申し出る」／ prepare to 〜「〜する準備をする」／ arrange to 〜「〜する手配をする」

⟶ 今回の英文で seek to 〜 と使われていますが，seek は目的語に（動名詞ではなく）to をとる動詞です。こういった動詞に共通する特徴を「不定詞のイメージ」から解説していきます。

◀)) 067

弊社は継続的な研修や教育を通じて，職場での多様性と包括性の促進を目指しています。

後ろに to 〜 をとる動詞② チャレンジ・積極性
try to 〜・attempt to 〜・seek to 〜・look to 〜「〜しようとする」／ aim to 〜「〜することを目指す」／ struggle to 〜「〜しようともがく」／ bother to 〜「わざわざ〜する」／ manage to 〜「なんとか〜やり遂げる」／ afford to 〜「〜する余裕がある」／ come to 〜「〜するようになる」／ get to 〜「〜するようになる，〜する機会を得る」／ learn to 〜「〜できるようになる」

「前向き未来志向」→「積極的」というイメージにつながります。今回の英文は seek to 〜「（これから）〜しようとする」の形で，seek は前向き未来志向の to と相性が良いわけです（try to 〜 を格調高くした感じ）。

※見出しの英文にある diversity「多様性」や inclusion「包括，多様性の受け入れ」は現代で必須の単語です。inclusion は「LGBTQ・人種・障がいなどで過去に差別されてきた人たちを積極的に社会に含めること」といった意味合いでよく使われます（最近は日本でも「ダイバーシティ＆インクルージョン」とそのまま使われることが増えています）。

Carmen came to think that he was a nice and caring person.
カーメンは彼が優しく思いやりのある人だと思うようになった。
※ come to 〜は「だんだんと気持ちが変化する」ニュアンスでよく使われる／（×）become to 〜は NG ／ caring「思いやりのある」

語句　promote 動 促進する，推進する／ workplace 名 職場／ ongoing 形 継続的な

重要ポイント　**to をとる動詞には「前向き未来志向」が多い！**

CHAPTER 08 不定詞

68 後ろにtoをとる動詞(2)

> The old wooden bridge **proved to** be strong enough to support his weight after all.

□ to は「単発」イメージも大切

「未来志向」は「これから（とりあえず1回）起こる」ということから，「単発のニュアンス」を持つようになります。つまり**「単発」のイメージ**がある動詞も後ろに to をとるわけです。

後ろに to ~ をとる動詞③ 単発
happen to ~「たまたま~する」／ pretend to ~「~のふりをする」／
seem to ~・appear to ~「~のようだ」／
prove to ~・turn out to ~「~だと判明する」

---

happen to ~「たまたま~する」は「単発」のイメージそのままですね。pretend to ~ は「(本当は違うけど) 今回だけは~のふりをする」, seem to ~・appear to ~は「(普段は違うけど) 今回だけは~のように見える」という発想です。

今回の英文にある prove to ~「~だと判明する」も，**「(今までの思い込みとは違って) 今回~だとわかる」**という単発のイメージです。そのため，直後に to ~ がくるわけです。ここでは「橋が腐っているかも？」などと思われていたが，結局「十分な強度がある」とわかった，ということです。

※後ろは "形容詞 enough to ~" の形です。enough は「後ろから」修飾するのでしたね (⇒ p.123)。

➕@ 会話で多用される Do you happen to ~ ?

happen to ~ は, I happened to be in a café when the parade went by.「パレードが通過したとき, 僕はたまたまカフェにいたよ」(go by「通り

今回の prove to 〜「〜だと判明する」は「前向き未来志向」とは無関係に思えますが，ここではこういった「前向き未来志向」のイメージから発展した動詞を攻略していきます。

◀)) 068

その古い木造の橋は，結局，彼の体重を支える十分な強度があるとわかった。

過ぎる」）だけでなく，**Do you happen to know 〜？「〜のことをたまたま知っていたりしませんか？」**もよく使われます。Do you know 〜？と直接的に聞くより，happen to を入れて遠回しに表現することで丁寧になるのです。

Do you happen to know when the next *Nozomi* will arrive?
次ののぞみがいつ来るかってわかったりしますか？
※間接疑問文で，より丁寧になっている（⇒ p.131）

後ろに to 〜 をとる動詞④ 拒否

refuse to 〜・decline to 〜「〜するのを拒む」／
hesitate to 〜「〜をためらう」／
fail to 〜「〜しない・できない」※ fail in 〜「〜に失敗する」と区別を／never fail to 〜「必ず〜する」

前向きな動詞ではないのですが，これも「前向き未来志向」という感じで，**「未来志向」の部分だけに注目すれば「to 〜 をとる」**という理屈が通ります。どれも「これから〜するのを断る」といったニュアンスです。

Don't hesitate to contact me if there are any problems with your order.
ご注文に問題がある場合は，遠慮なくご連絡ください。
※ Don't hesitate to 〜 は，直訳「〜することをためらうな」→「遠慮せず〜して」という重要表現（≒ feel free to 〜）／共通テスト型の文書や英作文の「メール」を書かせる問題でも頻出

重要ポイント　to をとる「単発」と「拒否」のイメージの動詞をチェック！

69 be to 構文の核心となる意味

> Princess Jasmine **was to** marry him, but she didn't want to.

☐ 従来の be to の教え方

"be to" の形で「助動詞のような働き」をする用法を「be to 構文」といいます。従来から「be to という形には 5 つの訳し方がある」と言われてきました。

> **参考** be to の 5 つの訳し方
> 1. 予定「〜する予定だ」／ 2. 意図「〜するつもりだ」／ 3. 義務「〜しなくてはいけない」／ 4. 可能「〜できる」／ 5. 運命「〜する運命だ」

たとえば，They are to be married. なら「予定を表す」と言われ，「あの 2 人は結婚する予定だ」と訳されますが，実際には必ずしもそうとは限りません。

☐ be to の核心は「これから〜することになっている」

be to を直訳すると「これから〜する（to）という状態だ（be）」なので，be to は**「これから〜することになっている」**という意味になります。

必ずしも「5 つの訳し方の中で，今回当てはまりそうなのは…」なんて考える必要はありません。5 つの意味（予定・意図・義務・可能・運命）はすべて「これから〜することになっている」の中に集約されるからです。そもそも実際の英文では「予定」や「意図」のように明確に割り切れるとは限りません。むしろ**5 つの意味が全部（もしくはそのうちのいくつか）混ざり合っているのが be to** なんです。

> **They are to be married.**（△）〜（○）「あの 2 人は結婚する予定だ」
> （◎）「あの 2 人は結婚することになっている」

→ was to marry は「be to 構文」と呼ばれるものです。「be to の5つの訳し方」を習うことが多いのですが，今回は be to の「核心」を解説していきます。

ジャスミン王女は彼と結婚することになっていたが，彼女はそれを嫌がっていた。

◀) 069

　和訳だけを見ると「予定だ」と訳すほうが自然に見えますが，be to には他の意味も集約されています。They are to be married. では「2人は結婚する予定・結婚する意図／結婚は義務／結婚が可能／結婚する運命」なのです。
　※ちなみに，marry は be married {to 人}「(人と) 結婚している」や marry 人「人と結婚する」の使い方が重要です（⇒ p.137）。

　今回の英文（Princess Jasmine was to marry him）も **「結婚することになっていた」** と考えれば OK です（過去形 was なので「～することになっていた」となります）。ここでも必ずしも「予定」とは限らず，「意図・義務・可能・運命」などが混ざり合っていると考えられるわけです。
　※ちなみに，後半は didn't want to {marry him}「彼と結婚したくなかった」ということです（これは「代不定詞」と呼ばれる用法）。

➕❹　be to はリスニングでも出てくる

　be to 構文は堅くてあまり使われないと思うかもしれませんが，リスニングでも普通に出てきます。以下はセンター本試験（共通テストの前身）のリスニングで出た英文です。

This afternoon all new students are to go to the assembly hall to sign up for classes.
今日の午後，新入生は全員，講座の登録のために集会ホールに行くこと（になっています）。
　※「予定」とも「義務」とも判断できない，むしろその2つが混ざり合っている例／assembly hall「集会場，講堂」

重要ポイント　**be to ～ は「これから～することになっている」と考える！**

ここも CHECK! 08　不定詞の慣用表現

☐ 不定詞を使った慣用表現 (1) 文構造などがポイント

☐ All s have to do is {to} 原形 「s は〜しさえすればよい」／☐ know better than to 〜「〜しないだけの分別がある，〜するほどバカじゃない」／☐ have no choice but to 〜「〜するより他に仕方ない」　※ but は前置詞「〜以外」／☐ be to blame 「責められるべきである」／☐ feel free to 〜「自由に〜する」／☐ have much[something] to do with 〜「〜と大いに[何かの]関係がある」／☐ have nothing to do with 〜「〜とは全然関係がない」／☐ leave much to be desired 「遺憾な点が多い」／☐ leave nothing to be desired 「申し分ない」

☐ 不定詞を使った慣用表現 (2) 副詞句として使われるもの

☐ to be honest {with you} 「正直に言って」／☐ to be frank {with you} 「率直に言って」／☐ to be sure 「確かに」／☐ to tell {you} the truth 「実を言うと」／☐ to begin with・to start with 「まず最初に」／☐ to do 人 justice 「人を公平に判断すると」　※ do 人 物「人に物を与える」／☐ to make matters worse 「さらに悪いことには」／☐ to say the least 「控えめに言っても」／☐ to say nothing of 〜・not to speak of 〜・not to mention 〜「〜は言うまでもなく」／☐ not to say 〜「〜とは言わないまでも」／☐ strange to say 「奇妙なことだが」／☐ needless to say 「言うまでもなく」／☐ so to speak 「いわば」

☐ 不定詞を使った慣用表現 (3) be 形容詞 to 〜 の形になるもの

☐ be able[unable] to 〜「〜できる[できない]」／☐ be about to 〜「まさに〜するところだ」／☐ be eager to 〜「〜したがる」／☐ be anxious to 〜「〜したがる」／☐ be sure to 〜「きっと〜する」／☐ be due to 〜「〜する予定だ」／☐ be likely[unlikely] to 〜「〜しそうだ[しそうにない]」／☐ be certain to 〜「きっと〜する」／☐ be ready to 〜「〜する準備ができている」／☐ be willing to 〜「〜するのをいとわない」／☐ be unwilling to 〜・be reluctant to 〜「〜したがらない」／☐ be apt to 〜・be liable to 〜・be prone to 〜「〜する傾向がある」／☐ be bound to 〜「必ず〜する」

CHAPTER 09

動名詞／分詞／
分詞構文

この CHAPTER では以下の内容がスラスラと言えるようになります。
（※答えは本編各見開きの右下「重要ポイント」で確認してください）

70 " 名詞 + -ing" は「動名詞の [＿＿＿＿]」の可能性も考える

71 「[＿＿＿＿]」のイメージ（例：look forward to）から後ろに -ing
をとる動詞がある

72 「[＿＿＿＿]」（例：give up）や「[＿＿＿＿]」（例：postpone）の
イメージの動詞も -ing をとる

73 意味が大きく変わる動詞も「to は [＿＿＿＿] 志向」「-ing は [＿＿＿＿]
志向」から考える

74 分詞は「能動関係」なら [＿＿＿＿]，「受動関係」なら [＿＿＿＿] を
使う

75 感情動詞の分詞も「[＿＿＿＿] or [＿＿＿＿]」の視点から考える

76 分詞構文とは「-ing が [＿＿＿＿] の働きをしたもの」

77 分詞構文の意味は「前・真ん中」→「[＿＿＿＿]」に，「後ろ」→
「[＿＿＿＿], [＿＿＿＿]」

78 "having *p.p.*" は主節よりも「[＿＿＿＿] 時制」を表す

70 動名詞の意味上の主語・否定形・完了形・受動態

My boss doesn't like the idea of **employees working** from home.

■ 動名詞（-ing）は「動詞が名詞になったもの」

動名詞は「動詞（～する）」＋「名詞（～こと）」＝「動名詞（～すること）」です。従来,「動詞の性質と名詞の性質を併せ持つもの」と説明されがちですが, 結局は**「名詞」**だという認識がとても大切です。あくまで動名詞は「名詞」なので, **名詞と同じく「S・O・Cになる」**という働きで,**「～すること」**のように名詞「こと」で締めくくるわけです。

> ※もちろん動名詞は動詞の性質も含んでいる（100％純粋な名詞ではない）ので, たとえば「目的語をとれる」という性質があります。「そのアイディアを発展させること」は（○）developing the idea が正しく（developing は動名詞／ the idea は動名詞の目的語）,（×）development the idea は NG です（名詞 development は目的語をとれない）。

■ 動名詞の「意味上の主語」

動名詞の中には(あくまで名詞とはいえ)動作を表す意味が含まれます。その動作主を示すときは**「所有格か目的格を -ing の前に置く」**ようにします。

(1) My father doesn't like going to Shibuya.
「父は渋谷に行くのが嫌いだ」 ※ going の主語（動作主）は文の主語と同じ
／「父は自分自身が渋谷に行くのが嫌い」

(2) My father doesn't like me going to Shibuya.
「父は私を渋谷に行かせたがらない」
※ me が動名詞の意味上の主語／「父は私が渋谷に行くのが嫌い」

今回の見出しの英文では（代名詞ではなく）普通の名詞である **employees** が動名詞の意味上の主語で, the idea of employees working from home 「従業員が在宅勤務をするという考え」となっています（普通の名詞の目的格は主語と同じ形）。the idea of |名詞| -ing「|名詞| が～するという考え」はよく使われる形で, of は「同格」を表しています。

→ 今回の英文は the idea of employees working from home で，working の「働き」と「意味」がポイントになります。この -ing をよく考えてみてください。

◀) 070

私の上司は，従業員が在宅勤務をするという考えを好ましく思っていない。

　分詞の working from home が後ろから employees を修飾すると考えるミスがものすごく多いのですが，「在宅勤務をしている従業員という考え」では意味が通りません。名詞 -ing を見るとすぐに「分詞」と思ってしまいがちですが，"意味上の主語＋動名詞" の可能性も考えるようにしましょう。下線部和訳で頻繁に狙われるポイントです。

☐ 動名詞の否定形・完了形・受動態

(1) 動名詞の否定形：動名詞の動作を否定するときは，not を -ing の前に置くだけです（"not -ing" の形）。たとえば，He insisted on going there alone.「彼はそこに1人で行くと言い張った」→ He insisted on not going there alone.「彼はそこに1人で行かないと言い張った」となります。

(2) 動名詞の完了形：主節の動詞より「1つ前の時制／その時点までの完了」を表すときは "having *p.p.*" の形になります（発想は完了不定詞と同じです）。
I'm embarrassed about having forgotten your name.
お名前を忘れてしまったことがお恥ずかしいです。　※「恥ずかしい」のは現在で，「名前を忘れた」のは過去（もしくは「たった今」という現在完了）

(3) 動名詞の受動態：受動態 be + *p.p.* が動名詞化すると "being *p.p.*" です。
Being praised made me feel more confident.
褒められたことによって，私の自信が増した。
※直訳「褒められたことが，私をより自信があると感じさせた」

重要ポイント 　"名詞 + -ing" は「動名詞の意味上の主語」の可能性も考えよう！

CHAPTER 09

71 後ろに動名詞をとる動詞 (1)

I'm **looking forward to discussing** this matter with you more on Friday.

■ 動名詞のイメージ① 「反復」

後ろに動名詞をとる動詞の頭文字をとった「メガフェプス (megafeps)」というゴロ合わせが有名ですが，これを丸暗記しても現在の入試には対応できません。本書では「動名詞のイメージ」から攻略していきます。

動名詞のイメージの 1 つに**「反復」**があります。**「繰り返す・グルグルまわる」イメージを持つ動詞は -ing をとる傾向があるのです。たとえば practice は「反復・繰り返して練習する」というイメージですね。

「反復」イメージの動詞① 反復がそのまま内在する動詞

☐ practice「練習する」　※反復して練習する

☐ enjoy「楽しむ」　※繰り返して楽しむ・趣味

☐ be used[accustomed] to -ing「〜することに慣れている」

※反復して慣れる

☐ get used[accustomed] to -ing「〜することに慣れる」　※動作を表す get

I'm used to getting up early in the morning.

私は早起きするのに慣れている。

※ be used to -ing は「to は前置詞なので -ing がくることに注意」とだけ説明されますが，それよりも「何度も繰り返して慣れていく」ことをベースにしてみてください。

■ 頭の中でグルグルまわる動詞

「頭の中で反復する」→「グルグル考える」という**思考系の動詞**も -ing をとります。たとえば consider「考える」は，あれやこれや頭の中でグルグル反復するイメージから -ing と考えれば OK です。

→ look forward to -ing の形は有名で誰もが丸暗記していますが，これを単に「to が前置詞だから」というだけでなく，今回は動名詞のイメージからも考えていきます。

◀) 071

この件に関して，金曜日にもっと話し合えることを楽しみにしています。

「反復」イメージの動詞② 頭の中で反復する思考系の動詞
☐ mind「気にする」 ※イヤなことが頭の中でずっと反復
☐ consider「考える」 ※あれやこれや頭の中でグルグル考える
☐ imagine「想像する」 ※頭の中でグルグルと想像する
☐ look forward to -ing「～するのを楽しみにする」 ※楽しいことを想像する
☐ suggest「提案する」 ※頭の中で考えたことを提案する
☐ advise・recommend「勧める」 ※提案する≒勧める

CHAPTER 09

I travel to Nagoya regularly and am considering renting a small apartment there.
定期的に名古屋に行くので，そこで小さなアパートを借りようかと考えているところなんだ。 ※ be considering（進行形）の後ろに renting（動名詞）

I can't imagine him living alone.
彼が一人暮らしをするなんて想像できない。
※ him は動名詞の意味上の主語（所有格 his でも OK）

今回の見出しの英文は look forward to -ing「～するのを楽しみにする」の形です。これも「to -ing の形に注意」とだけ言われますが，imagine が「（頭の中でグルグルと）想像する」で -ing をとるので，imagine の延長で look forward to も -ing をとると考えればよいのです。
※ちなみに discuss は自動詞とまぎらわしい「他動詞」です（⇒ p.137）。直後に目的語がきて，discuss this matter「この件について話し合う」となっています。

重要ポイント -ing をとる「反復系の動詞」をチェック！

72 後ろに動名詞をとる動詞（2）

Members of parliament voted to **postpone raising** the consumption tax to 12 percent.

■ 動名詞のイメージ② 「中断」

　動名詞の2つ目のイメージは**「中断」**です。反復していたものが「中断する」という流れで考えてもいいですし，有名な stop -ing の仲間と考えても OK です。ちなみに，先ほどの「反復」の動詞には明るい雰囲気の動詞（enjoy, look forward to など）も多かったのですが，「中断」になると少し暗い動詞が増えてきます。

「中断」イメージの動詞
□ stop・quit「やめる」
□ give up「あきらめる」
□ finish「終える」　　※「中断」の延長で「終える」も -ing をとる

Tracy gave up eating ramen because she thinks it isn't healthy.
トレイシーは，健康に良くないと考えているのでラーメンを食べるのをやめた。
※ give up -ing は「あきらめる」という訳語に限らず，「（今までの習慣を）やめる」といった感じでもよく使う／「これからやろうと思っていたことをあきらめる」なら，give up trying to ～「～しようとするのをあきらめる」や give up the idea of ～「～するという考えをあきらめる」を使う必要がある（英作文でミスが多い）

■ 動名詞のイメージ③ 「逃避」

　動名詞の最後のイメージは**「逃避」**です。「中断したものを投げ捨てて逃避する」という流れで考えるといいでしょう。この「暗い顔」が動名詞の本性とも言えます。

→ 今回は vote to ～ という不定詞, postpone -ing という動名詞が使われた英文です。特に postpone「延期する」は未来のことなのに -ing がくる注意すべき動詞なので，しっかり解説していきます。

◀) 072

国会議員は，消費税の 12 パーセントへの増税を延期することを決議した。

「逃避」イメージの動詞

☐ miss「逃す」　※「逃避」の「逃」　　☐ avoid「避ける」　※「逃避」の「避」

☐ escape「避ける」　　　　　　　　　☐ help「避ける」　※ cannot help の形

☐ put off・postpone「延期する」　☐ delay「遅らせる」

☐ object to -ing・be opposed to -ing「～するのに反対する」
　※「逃避」→「反対」

☐ deny「否定する」　※たとえば「法案に反対する」=「法案を否定する」

☐ resist「抵抗する」　※「逃避」→「反対」→「抵抗」

I avoided going to restaurants during the pandemic.
感染が拡大していた時期は，レストランに行かないようにしていました。
※ avoid -ing「～することを避ける」は，「～しない（ようにする）」と意訳できる

今回の見出しの英文では vote to ～「～することに投票する・投票で決める」（⇒ p.164）の後ろに，postpone -ing「～することを延期する」がきています。put off・postpone「延期する」は未来なので to を使うと思うかもしれませんが，これは**「明日でいいや」という「現実逃避」**のイメージと考えればよいのです。

※ raising は他動詞 raise「～を上げる」（⇒ p.135）の -ing 形で，raising consumption tax to 12 percent「消費税を 12 パーセントに上げること」です。

語句　parliament 名 国会，議会／ raise 動 上げる／ consumption tax 消費税

重要ポイント　「中断」や「逃避」イメージの動詞も -ing をとる！

$\mathcal{73}$ toと-ingで意味が大きく変わる動詞

> Don't **forget to** mute your microphone when you're not speaking during the online meeting.

□ 不定詞は「未来志向」，動名詞は「過去志向」

　大半の動詞は後ろに to と -ing の両方をとり，意味に違いはありません。しかし中には意味に大きな違いが出る動詞もあります。これは不定詞の**「未来志向」**，動名詞の**「過去志向」**（もしくは過去〜現在）から判別できます（動名詞には「反復・中断・逃避」以外に「過去志向」のニュアンスもあります）。

---

① remember to 〜「(これから) 〜するのを覚えている／
　　　　　　　　　忘れずに〜する」

　remember -ing 「(過去に) 〜したのを覚えている／覚えがある」

② forget to 〜「(これから) 〜するのを忘れる」

　forget -ing 「(過去に) 〜したのを忘れる」※否定文で使われるのが普通

③ regret to 〜「残念ながら〜する」

　regret -ing 「(過去に) 〜したのを後悔する」

Please remember to lock up if you are the last person to leave the office.
オフィスを最後に出る場合，戸締まりを忘れずにお願いします。

I remember locking the door when I left, so I don't know how the burglar got in.
出かけるときにカギをかけた記憶があるので，どうやって泥棒が入ったのかわからない。　※ burglar「泥棒」

　今回の見出しでは Don't forget to 〜 で，**「(これから) 〜するのを忘れないで，忘れずに〜して」**が使われています（直後の mute は動詞「ミュートにする，音を消す」）。ちなみに，Please remember to 〜 や Don't forget to

→ forget は後ろに to も -ing もとりますが，意味が大きく変わります。不定詞の「未来志向」，動名詞の「過去志向」から，今回の Don't forget to 〜 の意味を考えてみてください。

◀》 073

オンライン会議中，発言しないときはマイクをミュートにするのを忘れないでください。

〜 は「覚えておいて，忘れないで」と伝える表現で，後ろには「重要情報」がきます。リスニングではその内容がかなりの確率で狙われます（共通テストでも出題済です）。

☐ 発展的なイメージを要する動詞

　以下のものは単純に「未来志向・過去志向」では割り切れず，ちょっとだけ注意をする必要があります。

① mean to 〜「〜するつもりだ」　※ mean は「意図する」という意味
　　mean -ing「〜という意味になる」
② stop to 〜「立ち止まって〜する，ちょっと〜する」
　　stop -ing「〜するのをやめる」

> Sorry. I didn't mean to hurt your feelings.
> ごめん，傷つけるつもりはなかったんだ。　※ mean to 〜「〜するつもりだ」

➕α try to 〜「〜しようとする」／ try -ing「試しに〜してみる」

　実際には try to ばかりを使うネイティブが増えています。その現実を反映してか，この違いは 2000 年以降の入試ではほぼ問われていませんので，余裕があればチェックしておく程度でいいでしょう。

> She tried to convince us that she was right, but she couldn't.
> 彼女は自分が正しいと私たちに納得させようとしたが，できなかった。

重要ポイント　意味が大きく変わる動詞も「to は未来志向」「-ing は過去志向」から考える！

74 分詞-ingと*p.p.*の判別

> The file **attached** to this e-mail is a list of **recommended** hotels for guests **coming** from abroad.

□ 形容詞という意識

「分詞」とは「動詞から分かれた詞」と考えて，**動詞が「形容詞の働き」をするもの**だと意識してください。動詞の性質を残してはいるものの，分詞は「もはや動詞ではない」という意識が大切です。

たとえば，Look at the cute baby.「そのかわいらしい赤ちゃんを見てごらん」 → Look at the smiling baby.「その笑っている赤ちゃんを見てごらん」では，形容詞 cute の位置に分詞 smiling を入れることができると確認できますね（形容詞 cute と同じく，分詞 smiling が名詞 baby を修飾）。

□ -ing と *p.p.* の判別

分詞には，-ing（現在分詞）と *p.p.*（過去分詞）の2種類があります。**-ing は「能動関係」，*p.p.* は「受動関係」**を表すと意識してください。

入試では -ing と *p.p.* の区別が非常によく狙われますが，この区別は「名詞と分詞の関係」から考えれば OK です。名詞と分詞の間には必ず「SV の関係」が成立します。その S と V の**「能動 or 受動」**を考えて判断します。

分詞の判別
(1) 能動関係「名詞が〜する」……… -ing
(2) 受動関係「名詞が〜される」…… *p.p.*

---

(1) 能動関係「名詞が〜する」 → -ing

the baby smiling at her mother「母親に微笑みかけている赤ちゃん」
　S'　　　V'　　※ the baby が smile する（能動関係）→ -ing になる！

分詞の知識は，英文の意味を正確に把握するために絶対必要です。今回の英文には3つの分詞（attached / recommended / coming）がありますが，それぞれどんな働きをしているか考えてみてください。

🔊 074

> このメールに添付されているファイルは，海外からお越しのお客様にお勧めのホテルのリストです。

(2) 受動関係「名詞が〜される」→ *p.p.*

the language spoken in that country「あの国で話されている言語」
　　　S'　　　　V'　　　　※ the language が speak される（受動関係）→ *p.p.* になる！

　　※日本語で「あの国で話している言語」と思って speaking を使わないように注意

　また，分詞の位置は「分詞が1語なら前から・2語以上なら後ろから名詞を修飾する」のが原則です。たとえば，Look at the smiling baby.「その笑っている赤ちゃんを見てごらん」では，1語の分詞 smiling が前から baby を修飾しています。一方，The baby smiling at her mother is just five months old.「母親に微笑みかけている赤ちゃんは，まだ生後5か月だ」では，smiling at 〜 という2語以上のカタマリが後ろから the baby を修飾していますね。

　今回の見出しの英文では分詞が3つも使われています。The file attached to this e-mail「このメールに添付されているファイル」が S, is が V, a list of recommended hotels for 〜「〜にお勧めのホテルのリスト」が C です。

The file attached to this e-mail is a list of recommended hotels for
　※ the file が attach される受動関係　　　※ hotels が recommend される受動関係
guests coming from abroad.
　※ guests が come する能動関係

重要ポイント　「能動関係」なら -ing,「受動関係」なら *p.p.* ！

75 感情動詞の分詞の正しい考え方

A: Why does Yamato look so **upset**?

B: He made an **embarrassing** mistake at school.

☐ 感情動詞は「～させる」

動詞 surprise は「驚く」ではなく，正しくは「驚かせる」という意味です。こういった**感情を表す動詞は，英語では原則「～させる」という意味**になります。入試超頻出のわりにまとめて対策する機会はほぼないと思いますので，ここで大事な感情動詞を一気にチェックしていきましょう。

ワクワク・感動・魅了・驚嘆

amuse「楽しませる」／ interest「興味を持たせる」／ excite「ワクワクさせる」／ thrill「感激させる，大喜びさせる」／ delight・please「喜ばせる」／ satisfy「満足させる」／ move「感動させる」／ touch「感動させる」／ impress「(良い) 印象を与える，感心させる」／ strike「印象を与える」／ attract「興味を引く」／ fascinate「魅了する」／ surprise・amaze・astonish「驚かせる」

疲労・失望・怒り・動揺・恐怖

bore「退屈させる」／ tire「疲れさせる」／ exhaust「ひどく疲れさせる」／ embarrass「恥ずかしい思いをさせる」／ confuse「混乱させる」／ depress・disappoint・discourage「がっかりさせる」／ disgust「うんざりさせる」／ annoy・irritate「イライラさせる」／ offend「不快にさせる，怒らせる」／ upset「動揺させる，イライラさせる」／ shock「ショックを与える」／ scare・frighten・terrify「怖がらせる」

※例外（「～する」型の動詞）：marvel「すごく驚く」／ relax「リラックスする」／ fear「怖がる」など

→ 今回の英文にある upset と embarrassing は, 感情動詞が分詞化したものです。なぜ upset は *p.p.* で, embarrass は -ing の形になっているのか,「能動 vs. 受動」という観点から考えてみましょう。

◀） 075

A：なんでヤマトはそんなに動揺してるの？
B：彼は学校で恥ずかしい失敗をしたんだよ。

☐ 感情動詞の -ing と *p.p.* の判別

感情動詞は分詞（-ing と *p.p.*）で頻繁に使われ, その区別が入試で非常によく問われます。感情動詞について「主語が"人"なら *p.p.* で,"物"なら -ing を使う」と習うことが多いのですが, これは不正確で, 実際には You are boring. のような文も使います。

正しい考え方は, **-ing は能動「〜する」, *p.p.* は受動「〜される」**です。

感情動詞の -ing と *p.p.* の判別
● **-ing**…その気持ちにさせる／その感情を他人に「与える」　※する側
● ***p.p.***…その気持ちにさせられる／その感情を「与えられる」　※される側

たとえば, You are bored. は「あなたは退屈させられている」→「退屈している」ですが, You are boring. だと「あなたは（周りの人を）退屈させる（ような人だ）」→「あなたって退屈な人間ね」と解釈できてしまうのです。

今回の英文（Why does Yamato look so upset?）の直訳は, 「なぜヤマトはそれほど動揺させられたように見えるの？」です。「ヤマトは動揺させられる」という**受動関係**なので *p.p.* が使われています。upset は無変化型の動詞（upset-upset-upset）です。

そして返答の He made an embarrassing mistake at school. では,「ミスが（彼を）恥ずかしがらせる」という**能動関係**なので -ing が使われているわけです。

重要ポイント　感情動詞の分詞も「能動 or 受動」の視点で考える！

CHAPTER 09

183

76 分詞構文の「働き」と「成り立ち」

Annoyed by endless meetings, Arthur decided to stop attending them.

□ 分詞構文の正体は「副詞の働きをする -ing」

to 不定詞に 3 用法（名詞的用法・形容詞的用法・副詞的用法）があるのは有名ですが，実は -ing もきれいに 3 つの用法から整理できます。

- -ing が「名詞」の働き → **動名詞**　※動詞の名詞化を示すナイスなネーミング
- -ing が「形容詞」の働き → **分詞**　※動詞の形容詞化で「動形詞」のイメージ
- -ing が「副詞」の働き → **分詞構文**　※動詞の副詞化で「動副詞」のイメージ

「動名詞」と同じように，-ing が形容詞の働きなら「動形詞」とすればわかりやすいのですが，「分詞」となり，さらに副詞の働きは「動副詞」とすればわかりやすいのですが，「分詞構文」と名付けられました。そこでみなさんは「分詞構文って結局は"動副詞"でしょ」と考えれば OK です。つまり**「-ing が副詞の働きをするもの」＝「余分な要素」**と考えればいいのです。

□ 分詞構文の成り立ち

本来，文を付け足すなら接続詞を使いますが，いちいち because などを使ってハッキリ「理由」と示すのも面倒・仰々しいなと感じるときもあります。そこで**「接続詞をカットしてゆるくつなごう（その目印として動詞を -ing にする）」**というのが分詞構文の発想です。

分詞構文の成り立ちは 3 ステップで，**①接続詞を消す →②従属節の主語も消す**（主節の主語と同じ場合／もし主語が違うなら「そのまま残す」）**→③従属節の動詞を分詞（-ing）に変える**（Being の場合は省略可能）です。

次の「接続詞」→「分詞構文」の書き換えを通して，**分詞構文は「副詞のカタマリ」**だと意識してください。従属接続詞が「副詞節」をつくるのと同様に，分詞構文は「副詞のカタマリ」をつくるわけです。

→ 今回の英文の Annoyed は何形で，どんな働きをしているでしょうか？ また，そもそも原形の annoy は「イライラする」「イライラさせる」のどちらの意味でしょうか？

◀) 076

延々と続く会議にうんざりして，アーサーは会議に出席するのをやめた。

(1) -ing で始まる分詞構文

~~Because she~~ 「felt」 tired, she went to bed early.

※接続詞（Because）と主語（she）を消去／felt を分詞（feeling）に変える

「Feeling」 tired, she went to bed early.
彼女は疲れを感じて，早めに就寝した。

(2) *p.p.* で始まる分詞構文

~~When they~~ were seen from above, the people on the ground looked like ants. ※動詞を分詞に変える（were → being）

{Being} Seen from above, the people on the ground ～
上から見ると，地上の人々はアリのように見えた。

※受動態の場合は「be 動詞を being に変える」が，実際には being は省略が普通

CHAPTER 09

　今回の見出しの英文は "*p.p.* ～ , SV." の形になっているので，前半は副詞の働きで「分詞構文」だと判断できます。「*p.p.* で始まる分詞構文」のパターンで，「Arthur はイライラさせられる」という**受動関係**なので，*p.p.* が使われているわけです。annoy「イライラさせる」は前回扱った重要な感情動詞ですね。このように分詞構文はよく感情動詞とセットで使われ，その点が文法問題で狙われることも多いです（もちろん長文でも頻出）。

　※後半では decide to ～（⇒ p.164）と stop -ing（⇒ p.176）が使われています。

重要ポイント　**分詞構文とは「-ing が副詞の働きをしたもの」！**

77 分詞構文の「意味」

> She scrolled through her social media feed, **liking** all of her friends' posts.

☐ 分詞構文はチャラい

従来，分詞構文の意味として以下の５つを教わります（この後で分詞構文の考え方を解説していくので，参考までに眺める程度で OK です）。

> **参考 分詞構文のいろいろな訳し方**
> 1. 時「～するとき，～して」／ 2. 原因・理由「～なので」／
> 3. 条件「もし～すれば」／ 4. 譲歩「～だけれども」／
> 5. 付帯状況「そして～，～しながら」

これを丸暗記するのは苦痛ですし，毎回「どの訳し方？」と考えるのは非現実的ですね。分詞構文は補足的にくっつけたものなので，**「なんとなくつながりが良い感じで文に付け足す」** という，ゆる～い感覚で使われます。もし because などの接続詞を使えば「理由」と示せますが，それをあえて消したのが分詞構文なので，意味も **「軽く（適当に）つなげる」** のが理想なのです。

☐ 分詞構文の意味は「位置」によって決まる

分詞構文は「副詞のカタマリ」なので，文頭・文中・文末のどこにでも置けます。そして，分詞構文の意味は **「位置によって決まる」** のです。**前か真ん中なら「適当」，後ろにきたら「そして，しながら」** だけで解決します。

> **分詞構文の「意味」**
> ① 文頭　-ing ～ , SV.　→　**適当な意味**
> ② 文中　S, -ing ～ , V.　→　**適当な意味**（主語の説明が多い）
> ③ 文末　SV{,} -ing ～ .　→　**「そして～，～しながら」**

→ 今回の英文の liking ～ はどんな働きをしているでしょうか？ ちなみに，ここでの like は「『いいね』を押す」，social media feed は「SNS のフィード」と訳してください。

◀) 077

彼女は SNS のフィードをスクロールし，友達の投稿すべてに「いいね」を押した。

①・② 分詞構文（-ing）が「前・真ん中」にある場合

分詞構文と主節の関係を踏まえて「適当」に自分で意味を考えましょう（もちろんいい加減ではなく，2 つの文の関係を意識してその場で考えれば OK ということ）。大半の場合は「…して，SV だ」「…で，SV だ」と考えると大体の意味がとれてしまいます。

Hearing the announcement, he went to the information desk.
そのアナウンスを聞いて，彼は案内所に向かった。

③ 分詞構文（-ing）が「後ろ」にある場合

メインの英文に「補足的に説明を付け足す」イメージで，「SV だ。そして…だ」「…しながら，SV だ」と訳せばほとんどの文の意味が理解できます。

今回の英文は She scrolled through her social media feed で文構造が完成しており，コンマ以降（liking ～）が分詞構文だと判断できます。"SV, -ing ～ ." と分詞構文が後ろにきているので，SV, liking all of her friends' posts.「SV で，（そして）友達の投稿すべてに『いいね』を押した」と考えれば OK です。

※この like は「（SNS などの）『いいね』をつける」という意味で，すでに辞書にも載っています。また, post は本来「柱」で（サッカーの「ゴールポスト」でおなじみ），「柱に貼る」→「掲示する」，「ネットに掲示する」→「投稿（する）」となりました。

語句　scroll through ～ ～をスクロールする／ feed 名 フィード（SNS の投稿などが表示される場所）

重要ポイント　**分詞構文の意味は「前・真ん中」→「適当」に，「後ろ」→「そして，しながら」と考える！**

78 分詞構文の否定形・完了形・意味上の主語

> **Having purchased** the extended warranty for his smartphone, Justin is not worried about accidental damage.

■ 分詞構文の否定形：not -ing

分詞構文の動作を否定するときは, not を -ing の前に置きます。**"not -ing"** という形です（be 動詞の場合も同様で, not being の形になる）。

> Not knowing what to say, he decided not to respond to Yuki's text message.
> 何と言っていいかわからず, 彼はユキのメッセージに返信しないことにした。 ※後半は不定詞の否定形（not to ～）になっている

■ 分詞構文の完了形：having p.p.

分詞構文自体に時制はないので「分詞構文は主節と同じ時制」と考えます。ただし, **主節より1つ前の時制**を表したいときは **"having p.p."** の形にすれば OK です。

今回の英文は "Having p.p., SV." の形なので, Having は分詞構文だと判断できます。主節は Justin is not worried なので, having purchased は「主節より1つ前の時制」=「過去」を表します。つまり, 「心配していない」のは現在, 「購入した」のは過去のことです。ちなみに, 分詞構文が前にあるので「～て, で」と考えれば意味はとれます（文脈から「～ので」としても OK）。

■ 分詞構文の「意味上の主語」：主格+ -ing

分詞構文はいきなり -ing や p.p. で始まるのが普通ですが, それは「分詞構文の主語は主節の主語と同じなら明示しない」からです。**「主節の主語と違うとき」**は（主語を消すと意味不明になるので）**そのまま主語を残します。**

→ 「文頭の Having が分詞構文である」と言える理由は何でしょうか？
また，今回は Having purchased という形になっているのはなぜでしょうか？　ヒントは「主節の時制との関係」です。

◀) 078

スマートフォンの延長保証を購入していたので，
ジャスティンは予期せぬ破損を心配していない。

CHAPTER 09

(1) 普通に「主語を残すだけ」のパターン

Because the rain began to fall, Himari entered the café.

× 　The rain beginning to fall, Himari entered the café.
「雨が降り始めたので，ヒマリはそのカフェに入った」

(2) being 省略のパターン（名詞 + *p.p.*）

After the car was washed, Yui went there.
　　　　　　　　　　※ being
× 　The car being washed, Yui went there.
　　　　　　　　※ being は省略可能
The car washed, Yui went there.
「車を洗って，ユイはそこへ行った」　※直訳は「車が洗われて」

(3) There is 構文のパターン　※ There を主語扱いして "There being 〜" の形

Because there was heavy traffic, I took an alternate route to work.

× 　There being heavy traffic, I took an alternate route to work.
「大渋滞だったため，別ルートで仕事に行った」

語句　extend 動 延長する／ warranty 名 保証／ accidental 形 予期しない，偶然の

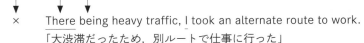

重要ポイント　"having *p.p.*" は主節よりも「1 つ前の時制」！

ここも CHECK! 09　動名詞の慣用表現

☐ 動名詞の慣用表現 (1) 各前置詞の意味がポイントとなるもの

☐ feel like -ing「〜したい」／☐ It goes without saying that 〜「言うまでもなく〜」／☐ cannot[never] 〜 without -ing「〜すれば必ず…する」　※直訳「…しないでは〜できない」／☐ in -ing「〜するときに」／☐ on[upon] -ing「〜するとすぐに」／☐ How[What] about -ing?「〜するのはどうですか？」

☐ 動名詞の慣用表現 (2) to -ing が「3 大イメージ」で解決できるもの (p.174-177)

☐ be used[accustomed] to -ing「〜することに慣れている」／☐ get used[accustomed] to -ing「〜することに慣れる」／☐ take to -ing「〜にふける，〜が習慣になる」／☐ look forward to -ing「〜するのを楽しみにする」／☐ object to -ing・be opposed to -ing「〜するのに反対する」

☐ 動名詞の慣用表現 (3) to -ing が「前置詞 to のイメージ」で解決できるもの

(a)「方向・到達の to（〜へ向かって）」
☐ when it comes to -ing「〜することになると，〜のことなら」　※状況の it ／☐ come close to -ing・come near to -ing「もう少しで〜するところ」／☐ devote[dedicate・commit] *oneself* to -ing「〜するのに専念する」／☐ with a view to -ing「〜するために」／☐ in addition to -ing「〜することに加えて」
(b)「対比の to（〜に対して）」　※「対比・対立」の to
☐ What do you say to -ing?「〜するのはどうですか？」　※直訳「〜することに対して何と言う？」／☐ be preferable to -ing「〜することより好ましい」

☐ 動名詞の慣用表現 (4) 文法的に注意を要するもの

☐ cannot help -ing「つい（思わず）〜してしまう」／☐ It is no good -ing・It is {of} no use -ing「〜しても無駄だ」　※ It は仮主語，-ing が真主語／☐ There is no use[point・sense] {in} -ing「〜しても無駄だ，〜しても意味がない」／☐ There is no -ing「〜できない」　※元々は There is no {way of} -ing ／☐ be worth -ing「〜する価値がある」　※ worth は前置詞（だから直後には -ing）

☐ 動名詞の慣用表現 (5) 前置詞が省略されるもの（前置詞を省略するのが普通）

☐ be busy {in} -ing「〜するのに忙しい」／☐ spend 時間・金 {in・on} -ing「〜することに 時間・金 を費やす」／☐ have difficulty[trouble・a hard time] {in} -ing「〜するのに苦労する」

CHAPTER 10

受動態

このCHAPTERでは以下の内容がスラスラと言えるようになります。
（※答えは本編各見開きの右下「重要ポイント」で確認してください）

79 受動態が使われる「理由」

> A: Do you have any available rooms?
> B: I'm afraid we **are** fully **booked** tonight.

■ 能動態→受動態の書き換え手順

> ① O を前に出す（O を S にする）
> ② 動詞を「受動態の形（be + *p.p.*）」に変える
> ③ 元の文の S を "by 〜" にして文末にくっつける

- **能動態**　Keigo wrote this book.「ケイゴはこの本を書いた」

※能動態 wrote → 受動態 was written

- **受動態**　This book was written by Keigo.

「この本はケイゴによって書かれた／この本を書いたのはケイゴだ」

■ 受動態が使われる「本当の理由」

　受動態は「be *p.p.* の形で『〜される』と訳せばいい」「by がつくのが普通」と思われていますが、これはとんでもない勘違いです。受動態を使う「本当の理由」を理解することが重要で、大きく分けて **(1) 主語を言いたくない**、**(2) 主語と目的語の位置を変えたい**、という 2 つがあります。

(1) 主語を言いたくない　主語が明らか or 不明／主語を隠して責任逃れ

　受動態にして by 〜 を省略すれば、主語を隠すことができます。主語をあえて言う必要がないときに、受動態がよく使われるのです。

　今回の英文（I'm afraid we are fully booked tonight.）では、be booked「予約されている」という受動態が使われています（間に副詞 fully「完全に」が入っている）。**わざわざ「誰によって予約されているか」を言う必要がないので、by なしの受動態になっている**わけです。直訳「私たち（= 私たちのホ

→ 今回の英文は are booked という受動態に注目してください（book は動詞「予約する」）。これはどんな訳し方が適切なのか，そしてなぜ受動態なのに by 〜 がないのかを考えてみてください。

 ◀) 079

A：空いている部屋はありますか？
B：申し訳ございませんが，今夜，お部屋は満室となっています。

テルの部屋）は完全に予約されています」→「ホテルの部屋は満室です」となります。受動態が使われる理由を知っていれば，必ずしも「〜される」と訳す必要はないと納得できますね。

※ A の available は「部屋がスタンバイ OK」→「空いている」という意味（⇒ p.132）／
B の I'm afraid 〜「残念ながら〜」は「マイナス情報」の予告表現

(2-1) 主語と目的語の位置を変えたい場面① 主語を出し惜しみして強調

情報は後ろにくるものほど引き立ちます（要するに「出し惜しみ」）。James broke the window.「ジェイムズが窓を割った」であれば the window に重点が置かれますが，受動態 The window was broken by James.「窓を割ったのは，ジェイムズなんだ」では by James が引き立つわけです。

(2-2) 主語と目的語の位置を変えたい場面② 目的語を前に出す

主語の出し惜しみとは逆に「目的語を前に出したい」ときにも使われます。たとえば，受動態にして目的語を前に出すことで，前の文と主語がそろい，文の流れがきれいになることがあります。以下の英文では「①主語を出し惜しみして強調」と「②目的語を前に出す」の２つの側面があります。

The information on this website is not written by a human. It is generated automatically by AI software. このウェブサイトの情報は人間が書いたものではない。人工知能のソフトが自動的に作り出したものだ。

※ by 以下を出し惜しみして強調（by a human と by AI software が対比されている）
／２つの文の主語が同じ（The information と It）できれいな流れ

重要ポイント 受動態は by 〜 がないのが基本，
by 〜 があれば強調される！

いろいろな形の受動態

He **was laughed at** by all his classmates because he was wearing his shirt inside out.

□ 熟語を「1つの動詞」とみなす

laugh at ～「～を笑う」のような熟語は**「1つの動詞」**として扱うことで，受動態は be laughed at になります（at を残すのがポイント）。

His classmates laughed at him.「クラスメイトは彼のことを笑った」

→ He was laughed at by his classmates.「彼はクラスメイトに笑われた」
（×）He was laughed by his classmates.

「at が残るのが変」「at by というつながりがヤダ」と思って，at を消したりしてはいけません。laugh at で1つの動詞なので，「at を消す」のは「動詞のつづりを勝手に消す」くらいメチャクチャなことだからです。今回の英文でも was laughed at by ～ となっています。

※ちなみに，wear は「状態動詞（進行形にしない動詞）」として教わることが多いですが，実際には「（普段の習慣ではなく）今，身につけている」と表す場合には be wearing がよく使われます（今回の英文では過去進行形で was wearing になっています）。

受動態の形でよく出題される「熟語」

● **2語の熟語**：laugh at ～「～を笑う」／ speak to ～「～に話しかける」／ run over ～「（車が）～をひく」／ hear from ～「～から連絡がある」／ deal with ～「～を処理する」／ put off ～「～を延期する」／ call off ～「～を中止する」／ put away ～「～を片付ける」／ throw away ～「～を捨てる」／ bring up ～「～を育てる」／ cut down ～「～を切り倒す」

● **3語以上の熟語**：look up to ～「～を尊敬する」／ look down on ～「～を軽蔑する」／ do away with ～「～を廃止する」／ take care of ～

➡️ 今回の英文にある was laughed at by 〜 で, at と by という前置詞が続いているのはなぜでしょう？　ヒントは「元の文から考える」ことです。

🔊 080

彼はシャツを裏返しに着ていたため, クラスメイト全員に笑われた。

「〜を世話する」／ take advantage of 〜「〜を利用する」／ make fun of 〜「〜をからかう」／ pay attention to 〜「〜に注意を払う」

入試問題で確認

次の空所に入る最も適切な選択肢を 1 〜 4 から選びなさい。
My cat was nearly (　　) a car right in front of my house.
1. ran over　2. run over　3. ran over by　4. run over by　　(佛教大)

(解答 4) 私のネコは家の真ん前で車にひかれそうになった。

☐ 受動態のバリエーション

(1) 助動詞がつく場合：助動詞 be + _p.p._ 「〜される＋助動詞の意味」

The historical building might be renovated if the budget is approved.
もし予算が認められれば, その歴史的建造物は改修されるかもしれません。

(2) 完了形：have been _p.p._ 「〜されている／〜された（ことがある）」

Flight 69 to Osaka has been canceled due to mechanical trouble.
機械トラブルにより, 大阪へのフライト 69 が欠航となりました。

(3) 進行形：be being _p.p._ 「〜されている（途中だ）」

Three job applicants are being considered for the position.
そのポジション［職］に, 今 3 人の応募者が検討されている最中です。

語句　wear 動 身につけている, 着ている／ inside out 裏返しに

重要ポイント　　_A_ laugh at _B_ の受動態は "_B_ is laughed at by _A_"！

81 第5文型（SVOC）の受動態

> Customers at the popular ramen shop **were made to** wait for over an hour to get in.

□ C の形には2パターンある

SVOC の受動態の場合，O を前に出すのは原則通りですが，C については「そのまま残す」パターンと「形を変えないといけない」パターンがあります。

> **(1) そのまま残す系** … C に「原形以外」（名詞・形容詞・to 不定詞など）
> **(2) 形を変える系** …… C に「原形」 ※原形 → to 不定詞に変える

(1) そのまま残す系

☑ **名詞の場合**：SVOC の C に名詞がくるときは「動詞の後ろに 2 つの名詞がくる」ということで，受動態 be + *p.p.* の後ろに名詞が 1 つ残ります。たとえば，name OC「O を C と名付ける」の受動態は "S is named C." です。

> The baby was named Rio.　赤ちゃんは（両親に）リオと名付けられた。

☑ **形容詞の場合**：C に形容詞がくると "be + *p.p.* 形容詞" の形になります。たとえば，leave OC「O を C のままにする」の受動態は "S is left C." です。

> The window was left open.　窓は開けっぱなしにされていた。
> ※ open は形容詞「開いている」

☑ **to 不定詞の場合**：SV 人 to ～ を受動態にした場合，to ～ はそのまま残り，"人 is *p.p.* to ～" という形になります。以下は tell 人 to ～「人に～するように言う」の受動態 "人 is told to ～" です。

> I was told to attend the online meeting by my boss.
> 私は上司にそのオンライン会議に参加するよう言われた。

(2) 形を変える系　※ C に原形をとるのは「使役動詞・知覚動詞」（⇒ p.138）

(1) は後ろにきたものを「そのまま残す」だけでしたが，C に「動詞の原

196

→ 今回の英文の were made はどういう訳になるかを考えてみてください。また，余裕があれば，were made 直後の to が何なのかも考えてみましょう。

◀) 081

その人気ラーメン店では，客は店に入るのに１時間以上待たなければならなかった。

形」がきた場合は**「原形 → to 不定詞に変える」**という特別ルールが発動します。原形を（そのまま残すのではなく）to 〜 に変える必要があるのです。

They made customers wait for over an hour.

「彼ら［店の人］は客を１時間以上待たせた」

※原形が to 不定詞になる

Customers were made to wait for over an hour.

「客は１時間以上待たなければならなかった」

※直訳は「待たされた」

make OC「O に C させる」の受動態で，**"S is made to 原形(C)"** となっています。Customers at the popular ramen shop were made to wait for 〜「その人気ラーメン店の客は〜の間待たされた」です。あくまで使役動詞 make を使った受動態であって，これを「作られた」と訳してはいけません。この **"S is made to 原形(C)"** の形が文法問題でよく狙われます。

補足 使役動詞で受動態になるのは make のみ／分詞は「そのまま残す」

使役動詞は３つのみ（make, have, let）で，受動態でも使えるのは make だけです。また，C に**分詞（-ing・*p.p.*）**がきたときは，当然**そのまま残します**。「原形 → to 不定詞に変える」ルールはあくまで「C が原形」のときだけであって，わざわざ分詞を to 不定詞に変えることはありません。

They heard her singing.「彼らは，彼女が歌っているのを耳にした」

→ She was heard singing.「彼女は歌っているのを聞かれた」

※ -ing のまま

重要ポイント make OC の受動態は **"S is made to 原形"**！

197

CHAPTER 10

82 「認識・伝達」系動詞の受動態

It is said that the earth's population has increased by one billion people in just the last ten years.

☐ It is *p.p.* that ～ という受動態

「認識・伝達」系の動詞（think, believe, say, expect など）は目的語に that 節がくることがあります。それを受動態にするときは2段階の変形で考えてください（that 節を文頭に→仮主語 It を使う）。

They say that ～. ※ They は「世間の人々」
　　　　※変形①受動態：目的語（that 節）を文頭に出す
That ～ is said {by them}.
　　　　※変形②仮主語：that 節が長いので（It を仮主語にして）後ろにまわす
It is said that ～. ※完成：仮主語 It ／真主語 that ～ の形

　今回の英文は **It is said that ～**「～と言われている」の形で，that 節中に the earth's population has increased by ～ という現在完了形がきています。by は「**差（～分だけ）**」を表す用法で，by one billion people「10億人分（増えた）」ということです（例：70億人→80億人）。

　※ちなみに，has increased to one billion people（到達の to）なら，「10億人まで増えた」となります（例：7億人→10億人）。to と by の違いに注意しましょう。

☐ be *p.p.* to ～ という受動態

　認識・伝達系の動詞は，S is *p.p.* to ～ という特殊な形の受動態でも使われます。**be said to ～**「～すると言われている」や **be thought[believed] to ～**「～すると考えられている[信じられている]」が頻出です。

　自分で使うときには，It is said that ～ と be said to ～ を混同しないように注意してください。仮主語 It を使うなら It is said that ～ で，仮主語 It 以外なら S is said to ～ です。

今回の英文の It is said that 〜 で，It や that はどんな役割をしているでしょうか？　また，これと似た S is said that 〜 という形は正しいかどうかも考えてみてください。

◀) 082

地球上の人口は，たったここ 10 年で 10 億人増えたと言われている。

(○) It is said that the oceans are getting warmer.
(○) The oceans are said to be getting warmer.
　　　「海は暖かくなっていると言われている」
(×) The oceans are said that they are getting warmer.
　　　※ 2 つを混同した S is said that 〜 は NG！

入試問題で確認

(1) 次の日本文に合うよう，語群を使って 9 語の英文をつくりなさい。
　　日本語は難しい言語だとよくいわれる。[Japanese / often said]
　　　　　　　　　　　　　　　　　　　　　　　　　　　　　　　　（早稲田大）

(2) 次の日本文に合うよう，語群を適切な順番に並び替えなさい。
　　この教会堂は中世に建設されたと考えられている。
　　This church building [been / constructed / have / is / thought / to] in
　　the Middle Ages.　　　　　　　　　　　　　　　　　　　　　　（中京大）

CHAPTER 10

(1) (解答 Japanese is often said to be a difficult language.)
(2) (解答 This church building is thought to have been constructed in
the Middle Ages.)
　　※ S is thought to 〜「S は〜と考えられている」の形にします。「建設された」のは「考えられている」よりも過去なので，後ろは完了不定詞で to have been constructed とすれば OK です（完了形＋受動態で have been *p.p.*）。

重要ポイント　「(S は) 〜すると言われている」には
　　　　　　　It is said that 〜／S is said to 〜 を使おう！

199

ここも CHECK! 10　分詞構文の慣用表現

□ 分詞構文の慣用表現 (1) 判断・考慮の意味を持つもの／
speak・talk を使ったもの

- □ judging from[by] 〜「〜から判断すると」
- □ taking 〜 into consideration「〜を考慮すると」
- □ compared with[to] 〜「〜と比べると」
- □ frankly speaking「率直に言えば」
- □ generally speaking「一般的に言えば」
- □ strictly speaking「厳密に言えば」
- □ speaking of 〜・talking of 〜「〜と言えば」

□ 分詞構文の慣用表現 (2) もはや「前置詞」や「接続詞」として使われるもの

①前置詞
- □ according to 〜「〜によれば」
- □ including 〜「〜を含めて」
- □ concerning 〜・regarding 〜「〜に関して」
- □ owing to 〜「〜が原因で」
- □ depending on 〜「〜に応じて」

②接続詞
- □ supposing・provided・providing「もし〜なら」
  - ※他に原形 suppose も同じ役割（⇒ p.38）

③前置詞・接続詞
- □ given {that} sv「sv を考慮すると，sv だと仮定すると」　※接続詞
- □ given 〜「〜を考慮すると」　※前置詞

□ 分詞構文の慣用表現 (3) 意味上の主語がくっついたもの

- □ weather permitting「天気が良ければ」
  - ※「天気が許可（permit）すれば」
- □ {all} other things being equal「他の条件が同じならば」
- □ such[that] being the case「そういうわけで」
  - ※ such「そういうこと」／ the case「実情・真実」
- □ considering all things・all things considered「すべてを考慮すると」
  - ※ all things は everything になることも／ all things considered のほうが圧倒的によく使われる
- □ having said that・that said「そうは言っても」

CHAPTER 11

比較

この CHAPTER では以下の内容がスラスラと言えるようになります。
(※答えは本編各見開きの右下「重要ポイント」で確認してください)

83 原級（as ～ as）を使った注意すべき表現

The population of Italy is **not as** large **as** it used to be.

☐ as ～ as の意味と構造

2つのものを比べて「同じくらい」と言いたいときは，as ～ as ...「…と同じくらい～だ」を使います。形容詞・副詞を as ～ as で挟み込む感覚です。

これ自体は中学で習いますが，比較対象には**「対等」なもの**がくると意識してください。

The coral reefs in Palau are as beautiful as those in Australia.

パラオのサンゴ礁は，オーストラリアのサンゴ礁と同じくらい美しい。

※ those = the coral reefs ／ The coral reefs in Palau are as beautiful as Australia. だと「パラオのサンゴ礁」と「オーストラリアそのもの」を比べることになり不自然

注意すべき as ～ as ... のパターンを3つチェックしていきましょう。

(1) many + 名詞 ／ much + 名詞 をまとめて挟む

many[much] + 名詞 を as ～ as で挟むとき，つい many ／ much だけを挟みがちなのですが，**「まとめて挟む」**のがポイントで，"as many[much] + 名詞 as" の形になります。整序問題で狙われるとミスが多いところです。

This book has as many pages as that one.

この本のページ数はあの本と同じです。

※ many pages をまとめて挟む／直訳「この本はあの本と同じくらい多くのページ数を持っている」（that one = that book）

(2) not as ～ as ...「…ほど～ではない」

as ～ as ... の否定文（not as ～ as ...）はそのまま考えれば「同じじゃない」になりそうですが，必ず**「差」**を表す「…ほど～じゃない」と考えてください。つまり "≠" ではなく "<" という差をハッキリ表します。

→ not as 〜 as ... を単に「同じではない」と訳してしまうと, 意味がきわめて曖昧になります。ここでは「イタリアの人口は今と昔のどっちが多いか?」までを表すように意識してください。

 ● 083

イタリアの人口は昔ほど多くない（昔より少ない）。

---

not as 〜 as ... の意味
(×)「…と同じではない」　※"≠"では訳さない!
(○)「…ほど〜ではない」　※"<"という不等号になる!

The regular tablet is not as expensive as the "pro" model.
通常のタブレットは「プロ」モデルほど高価ではない。
※値段は「通常モデルのタブレット＜プロモデル」という関係

(3)「見た目」や「昔」との比較

not as 〜 as は「見た目ほど〜じゃない」「以前ほど〜じゃない」でもよく使われます（文法問題や英作文で頻出）。たとえば The river is not as deep as it looks.「その川は見た目ほど深さがあるわけではない」では,**「現実」**と**「見た目」が比較**されています（後半は as it looks deep のこと）。

今回の見出しの英文は**「昔」との比較**のパターンです。The population of Italy is not as large as it used to be {large}. のことで, it は the population of Italy を指しています。

used to 原形「昔は〜だった」を利用して,**「現在 (is)」**と**「過去 (used to be)」**が比較されているわけです。ちなみに, used to の後ろは一般動詞の繰り返しなら省略, be 動詞なら必ず残します（今回は be が残っていますね）。
※「人口が多い」には large を使う点も大切です。

CHAPTER 11

重要ポイント　**not as 〜 as ... は「…ほど〜じゃない」という意味で差をハッキリ表す!**

84 倍数表現

> Tokyo Skytree is almost **twice as** tall **as** Tokyo Tower.

☐ as 〜 as は「1倍」

「〜倍」を表すときは，**as 〜 as** の直前に「〜倍」という語句を置きます。たとえば「3倍」なら，three times as 〜 as とします。「2倍」のときは (two times より twice を使って) twice as 〜 as とするのが普通です。

※ as 〜 as は「同じ」=「1倍」で，その前に倍数表現を置くイメージです。

倍数表現の基本
- **形**：*X* times as 〜 as *A*　「*A* の *X* 倍〜だ」　※ *X* times「X倍」
- **倍数の特殊な示し方**：twice「2倍」／ half「半分（2分の1倍）」

> Brian has watched twice as many movies as Sarah.
> ブライアンはサラの2倍（の数の）映画を見ている。
> ※ many movies を as 〜 as で「まとめて挟む」のがポイント

☐ 「だいたい同じ」の表し方

「だいたい同じ」=「約1倍」と考えて，as 〜 as の直前に about「約」を置き，**about as 〜 as** とします。**almost[nearly] as 〜 as**「ほぼ同じくらい」，**just as 〜 as**「ピッタリ同じ」も大切です。

共通テスト（試行調査）のリスニングでは，この表現を使った以下の英文が出たこともあります。少年と父親の身長の関係を考えてみてください。

> The boy is almost as tall as his father.

この英文に合うイラストを選ぶ問題が出ましたが，単に「少年と父親の身長はほぼ同じ」と訳すだけだと正しいイラストが選べませんでした。almost の「ちょっと足りない」感覚を意識して（⇒ p.125），「少年は父親の身長に

→ twice as 〜 as ... 「…の2倍〜だ」はどんな意味か知っていますか？さらに今回の英文では直前に almost がくっついていますが，それを踏まえて，英文の意味を正確に考えてみましょう。

◀) 084

東京スカイツリーは東京タワーの2倍近く高い。

ちょっと足りない／少年は父親よりも身長が少しだけ低い」と考えられるかがポイントになったのです。

今回の見出しの英文（Tokyo Skytree is almost twice as tall as Tokyo Tower.）では，twice as 〜 as の前に almost がついています。**almost twice as 〜 as ...** 「…のほぼ2倍〜だ，…の2倍近く〜だ」です。

※「東京スカイツリー（634m）は東京タワー（333m）の2倍近い高さ」と言えます。

☐ 倍数表現の応用：名詞表現の利用

as 〜 as を使った倍数表現は，名詞を使った形でも表せます。the 名詞 of ... の前に，X times を置くのがポイントです。

> **名詞を使った倍数表現への書き換え**
> ● 形：X times as 〜 as ...
> 　　　→ X times the 名詞 of ... 「…の X 倍の 名詞 だ」
> ● 注意① the の位置：X times が the 名詞 of ... をまとめて修飾する感じ
> ● 注意② 名詞への書き換え：large・big → size「大きさ」／ long → length「長さ」／ high・tall → height「高さ」／ heavy → weight「重さ」／ old → age「年齢」／ many → number「数」／ much → amount「量」／ expensive → price「値段」

Tokyo Skytree is almost twice as tall as Tokyo Tower.
→ Tokyo Skytree is almost twice the height of Tokyo Tower.

重要ポイント　almost twice as 〜 as ... は「…の2倍近く〜だ」！

CHAPTER 11

注意すべきmoreやless

Even though the new virus is highly contagious, scientists say it is **less** dangerous **than** other viruses.

□ 不規則変化する基本単語

2つのものを比べるときに使う「比較級」は "-er" をつけるのが原則で, 長い単語には直前に "more" をつけます。不規則変化する単語（形そのものがまるで変わってしまうもの）もあるので, ここで確認しておきましょう。

原級	比較級	最上級
good「良い」／ well「上手に, よく」	better	best
many・much「たくさんの」	more	most
little「小さい, 少ない」	less	least
bad「悪い」／ill「病気の」／ badly「悪く, ひどく」	worse	worst

不規則変化は数が少なく, おなじみの単語が多い（best など）ので簡単ですが, more・most だけは2種類の働きがあるのできっちり区別してください。

---

more・most の整理

● 長い単語を比較級・最上級にする

　例：more interesting（← interesting）

● many・much の比較級・最上級

　例：more friends（← many friends）

There's more milk in the refrigerator.
冷蔵庫にもっと牛乳があります。　　※ much milk → more milk の変化

➡️ less はどういう意味でしょうか？　less は重要な意味が2つあり，それぞれ分けて考えてほしいのです。今回の英文は「新しいウイルス」と「他のウイルス」のどちらが危険なのかを意識してください。

◀) 085

> その新しいウイルスはかなり感染力が高いけれども，科学者たちが言うには，他のウイルスよりも危険ではないとのことだ。

☐ less の2つの意味

less に関しては「より少ない」という意味だけでなく，否定の意味「より〜でなく」もしっかりチェックしてください。

※この意味では little と less の意味がつながらない印象があるかもしれませんが，本来は別の単語で語源に違いがあるためなんです。

(1)「より少ない」という意味の less

Jun has less money than Ren.「ジュンはレンよりもお金がない」では，less は「より少ない」という意味です。この less は little「少ない」の比較級で，直訳は「ジュンはレンよりも少ないお金を持っている」です。

(2)「より〜でなく」という意味の less　※否定（not）のイメージ

less を「否定 (not) のイメージ」で考えるときもあります。「less は more の逆」と考えるといいでしょう。more A than B「B というより A」は "A>B" の関係，less A than B「B より A じゃない／A というより B」は "A<B" の関係です。今回の英文にある less は「より〜でなく」で，it is less dangerous than other viruses「それ（= 新しいウイルス）は他のウイルスより危険ではない」となっているわけです。

※英文全体は Even though sv, SV.「sv だけれども SV だ」の形で，従属節では「まぎらわしい意味」の副詞 highly「非常に」が使われています（⇒ p.124）。

語句　virus 名 ウイルス／contagious 形 伝染性の，感染力のある

重要ポイント　less は「より〜でなく」の意味も大切！

CHAPTER 11

最上級の「範囲」を示す表現

Of all the smartphones the company has produced over the years, the Stellar 15 was **the most popular**.

■ 最上級の「範囲」を示す

　3つ以上のものを比べて「一番〜だ」と示すときは「最上級（the -est・the most）」を使います。the をつけるのは,たとえば「クラスで一番背が高い」と言えば,誰のことなのか「共通認識」ができるからです（⇒ p.86）。

　また,「どの中で（一番）？」かを示すときは of と in がよく使われます。

最上級の「範囲」　of と in の使い分け
□ of の後ろは … 複数を示す語句（数字, all, 代名詞, the year など）
□ in の後ろは … 範囲・場所を示す語句（the world, family など）

※これに関しては「of の場合をチェック」して,「それ以外は in」と整理するのがラクだと思います。of で注意したいのが「数字, all, 代名詞, the year」です（the year = twelve months なので「数字（12）があるから of を使う」と考えるといいでしょう）。

Burj Khalifa is the tallest building in the world.
ブルジュハリファは世界で一番高い建物だ。
※ in the world が「範囲」を示す

■ Of が文頭に出るパターンに注意

　最上級の範囲を表す of 〜 が文頭に出ることもよくあります。今回の英文では, Of all the smartphones {that} the company has produced over the years「長年にわたってその会社が製造したすべてのスマートフォンの中で」というカタマリが文の先頭に出て, **最上級の範囲**を示しています（目的格の関係代名詞 that が省略されています（⇒ p.224））。そしてコンマの後で, the

→ 今回の英文では SV をしっかり把握してください。その上で，文頭の Of 〜 がどんな意味になるか意識して訳してみましょう。

長年にわたってその会社が製造したすべてのスマートフォンの中で，Stellar 15 が最も人気だった。

Stellar 15 was the most popular「Stellar 15 が最も人気だった」と最上級が使われているわけです。

　ちなみに，最上級は「一番」を表しますが，2番目以降の順位を表したいときは，**the の直後（最上級の直前）**に「**序数**」を置きます。たとえば「2番目に大きい」なら the second largest,「2番目に難しい」なら the second most difficult となります。

　Arabic is considered to be the second most difficult language to learn.
　アラビア語は，習得するのが2番目に難しい言語だと考えられている。
　※ consider *A* to be 〜「*A* を〜だと考える」の受動態

入試問題で確認

次の日本文に合うよう，語群を適切な順番に並び替えなさい。
今まで見たサッカー選手の中で，彼が一番技術の高い選手だと思われる。
[all / have / players / of / I / the / soccer] ever seen, he seems to be the
most skillful player.
(東京経済大)

（解答 <u>Of all the soccer players I have</u> ever seen, he seems to be the
most skillful player.）
　※「〜の中で」は，最上級の範囲を示す Of 〜 が文頭にきた形にします。

重要ポイント　**最上級の範囲を表す of が文頭に出た "Of 〜 + 最上級" の形に注意！**

87 「比較級・最上級」を使った重要表現

This AI chatbot is **more useful than any other** app I have ever used.

■ 単数形・複数形がまぎらわしい表現

> **単数形か複数形か？**
> □ 比較級 than any other 単数形 「他のどの 単数形 より〜だ」
> □ one of the 最上級 複数形 「最も〜な 複数形 のうちの１つ／
> 　　すごく〜な 複数形 の１つ」＝ among the 最上級 複数形

今回の英文は “比較級 than any other 単数形” の形です。後ろに単数形（app）がくる理由は，主語 This AI chatbot に対して **「他のどのアプリでもいいので１つずつ比べるから」** と考えてください（決して「この AI チャットボット vs. 他のすべてのアプリ（複数）」ではありません）。

※後ろは any other app {that} I have ever used「私がこれまで使ってきたどのアプリも」で，関係代名詞 that が省略されています。ちなみに，AI chatbot「AI チャットボット」とは「人工知能を活用した自動でチャットや会話を行うプログラム」のことです。

一方，“one of the 最上級 複数形” はあくまで **「複数あるうちの１つ」** なので，複数形を使います。以下の文では複数形（ways）が使われている点をチェックしてください。

> The subway is one of the most convenient ways to get around New York City.
> 地下鉄は，ニューヨークを移動する最も便利な方法の１つです。

ちなみに，この表現は「最も〜のうちの１つ」と教わりますが，よく考えると「最も（一番）〜」が複数あるのは変ですよね。実はこの表現は **「最上級の集団（先頭集団）に入っている１つ」** だと伝えるものなのです。そのため，単に「すごく〜（な１つ）」と訳せる場面も多いです。

➡ この英文は"比較級 than any other 単数形"がポイントです。どんな意味になるかが一番大事ではありますが，それに加えて「単数形がくる」というのも大切なポイントになります。

◀) 087

> このAIチャットボットは，私がこれまで使ってきたどのアプリよりも役立つ。

入試問題で確認

> 次の日本文に合うように，下線部に適切な英語を書きなさい。
> これは私が今までに見た中で最も優れた映画の一つです。
> This is ＿＿＿＿＿＿＿＿＿＿＿＿＿＿＿＿＿＿＿＿＿ . （関西学院大）

（解答例 This is one of the best movies {that} I have ever seen.）

※日本文「最も～の一つ」に注目して，"one of the 最上級 複数形"の形にすればOKです。最上級の範囲を表す表現として，関係代名詞 that を使った that I have ever p.p.「私がかつて～した中で（経験用法）」や that I know「私が知っている中で」はよく使われます（今回の見出しの英文でも I have ever used が使われていました）。

☐ like とセットで使う better・best

「～より好き」と言うときは，2つを比較するので比較級が必要になります。元々は I like ～ very much. なので，more が正しいのですが（much → more），慣用的に better も使われるようになりました。

CHAPTER 11

---

like を使った表現 「～より好き／一番好き」

☐ like A better[more] than B 「B より A が好き」
☐ like A {the} best[most] 「A が一番好き」
☐ Which do you like better[more], A or B? 「A と B，どっちが好き？」

❙ I like rap music better[more] than jazz.　ジャズよりラップのほうが好き。

重要ポイント　"比較級 than any other 単数形"は「単数形」にも注目！

88　比較級・最上級の強調を表す veryとmuch

> Going to work is **much** easier now that I don't have to change trains.

■ 「差の大きさ」を示すとき

比較級は「差がある」ことを示すわけですが，「その差がどれくらいか？」を示すときは，比較級の直前に「差を示す語句」を置きます。

(1) 差を「具体的な数字」で表す

He is two centimeters taller than me.

彼は私より2センチ背が高い。

≒ He is taller than me by two centimeters.

※差を表す by「〜の分だけ」

(2) 差を「漠然とした表現」で表す

Our new house is a little bigger than our old house.

私たちの新居は，前の家より少し大きい。

※比較級の前に，a little・a bit「少し」や somewhat「いくぶん」などを置く

「ずっと〜，はるかに〜」と**比較級の差を強調**したいときは **much** をよく使います。今回の見出しの英文（Going to work is much easier）では，比較級 easier の前に much が置かれて強調され，「ずっと楽」となります。

さらに，ここでは比較対象を表す than 〜「〜より」が省略されています。現実の英文では**比較対象が省略される**ことはよくあり，今回は than before を補って「以前よりはるかに楽」と考えれば OK です。

※全体は SV now that sv.「今やもう sv なので SV だ」の形で，now that は接続詞です（⇒ p.39）。「以前は電車を乗り換える必要があったが，今は（引っ越しなどにより）電車を乗り換える必要がなくなったので，通勤が以前よりはるかに楽になった」ということです。また，change trains「電車を乗り換える」は複数形に注意する熟語ですね（⇒ p.93）。

→ 今回の英文の much はどういった働きをしているでしょうか？　直後の比較級 easier との関係，そして「much の代わりに very は使えるか？」がポイントになります。

◀) 088

今は電車を乗り換えなくていいから，通勤するのがとても楽になったよ。

☐ very と much を整理する

much + 比較級「ずっと・はるかに 比較級 だ」に関連して，文法書では「much は原級を修飾できない」と説明されます。ただし，おなじみの very とセットで整理すれば英語の全体像が見えてきます。**very と much は「仲がワルい」**イメージで，「very がやる仕事は much はやらない，much の仕事に very は興味がない」と考えてみてください。この区別は文法問題で頻出です。

強調表現の整理（very vs. much）

	very	much
原級	very good　※普通の形	~~much good~~　※不可
比較級	~~very better~~　※不可	much better　※頻出
最上級	~~very the best~~　※不可	much the best　※ the の位置に注意
	the very best	~~the much best~~　※不可

➕α　much 以外の強調

much 以外に比較級を強調する語句として，a lot, way, still, even, far, yet, rather, significantly などがあります。細かなニュアンスの違いはありますが，すべて比較級を強調する点が大事です。

また，最上級の強調には by far（by far the 最上級）や very（the very 最上級）などがよく使われます。以下は "by far the 最上級" の形です。

Hayato is by far the best player on our team.
ハヤトは私たちのチームの中で抜群に優れた選手です。

> **重要ポイント**　**very と much は「仲がワルい」イメージ！**

89 「比較級なのにtheがつく」3つの表現

The more careful you are, **the less** likely you are to make a mistake.

□ 「比較級なのに the がつく」表現 3 パターン

最上級には the をつけますが，比較級に the は不要です。ただし一部の慣用表現には「比較級なのに the を伴う」ものがあります。

(1) the 比較級 of the two 「2 つのうちで〜なほう」

| The warrior chose the bigger of the two swords.
| 戦士は 2 つの剣のうち，大きいほうを選んだ。

学校のカリキュラムでは，中学で最上級を習い，高校で the 比較級 of the two を習います。でも以下の流れで整理したほうが簡単です。

●2 つを比べる（比較級を使う）⋯⋯⋯⋯ the 比較級 of the two

●3 つ（以上）を比べる（最上級を使う）⋯ the 最上級 of the three

※「2 つのうち〜なほう」と言えば，どっちを指すかわかる（共通認識できる）ので the をつけます。

(2) all the 比較級 for 〜 [because 〜]「〜なので，その分だけ 比較級 だ」

| I like him all the better for his faults.
| 欠点があるから，なおさら私は彼が好きだ。

all the 比較級 for 〜 [because 〜] は，**直訳「その分だけ 比較級 だ（all the 比較級）。どの分だけかというと〜の理由の分だけ（for・because 〜）」**→「〜を理由に，その分だけますます 比較級 だ」となります。all はただの強調，the は「その分だけ」という意味（指示副詞の the と呼ばれる珍しい用法）で，for・because で「理由」を表すわけです。

→ 文頭の The more はそこで区切るのではなく，The more careful というのが 1 つのカタマリです。また，後半の are to はなぜこんな形になっているのでしょうか？

◀)) 089

注意深ければ注意深いほど，間違いを犯さなくなる。

※ for は前置詞なので後ろには「名詞」，because は接続詞なので後ろには「文（sv）」がきます。

(3) The 比較級①, the 比較級② 「比較級① すればするほど，比較級② だ」

The later it got, the darker the sky became.

遅い時間になるにつれて，空が暗くなった。

※ It got late . + The sky became dark . から，囲みの単語が "the 比較級" になって文頭に出たイメージ／ it は「時間の it」

入試でのひっかけとして，"the more 形容詞"（例：the more interested）や "the 比較級＋名詞"（例：the more books）を**「まとめて前に出す」**パターンがよく狙われます。

今回の見出しの英文（The more careful you are, the less likely you are to make a mistake.）でも，the more careful と the less likely がまとめて前に出されています。元々は，前半は you are careful ，後半は you are likely to ～ です。後半は likely → the less likely になって，この **"the less 形容詞"** がまとめて文頭に出ている**わけです（less は直後の形容詞 likely を修飾しているので，セットで前に出す必要がある）。熟語 be likely to ～「～しそう」につられて，（×）the less you are likely to ～ としてしまうとミスになります。

※ちなみに，この英文は学習院大学の英作文（和文英訳）で問われました。別解として，The more careful you are, the fewer mistakes you {will} make. なども OK です。

重要ポイント　**The 比較級①, the 比較級②
「比較級① すればするほど，比較級② だ」では，
「まとめて前に出す」パターンに注意！**

CHAPTER 11

215

90 no 比較級 than ～

> Elephants are **no heavier than** a large man when they are born.

□ no 比較級 than ～ 攻略の必殺技「矢印2つ」

> **no 比較級 than ～ を使った表現**　※ more 型に限らず，普通の -er もアリ
> □ no more ... than *A*　「*A* と同じで，まったく…でない」
> □ no less ... than *A*　「*A* と同じで，とても…だ」

本書では「**no から2つの矢印を向ける**」という必殺技で攻略していきます。
1 つは比較級に，もう1 つは than ～ に矢印を向けて考えてみましょう。

> no 比較級 than ～
> 　　①　　　②
> 　　①「逆の意味」になる　②「～と同じくらい」と訳す

　①　"no 比較級" は**強い否定「まったく～ではない（むしろその逆だ）」**で，
no heavier なら「まったく重くない（むしろ超軽い）」と考えてください。
　②　no から than に矢印を向けて，**「no で差を表す than を否定」→「差が
ない」→「同じくらい」**と考えれば OK です。この 2 つをまとめると，「（生
まれたとき）ゾウは軽い。大柄な男性と同じくらい」とわかります。

> 　　　①「まったく重くない」→「むしろ超軽い」
> Elephants are no heavier than a large man when they are born.
> 　　　　　　　　　②「大柄な男性と同じくらい」

※ゾウは成長したら 6,000kg 程度になりますが，生まれた時点では 90kg 程度しかなく，
　生まれたときは意外と体重が軽いことを伝えているわけです。

→ 今回の英文での no heavier than ～ はどんな意味になるでしょうか？ 「～より重くない」ではミスになってしまうのです。こんな英文も一瞬で理解できるオリジナル技を解説していきます。

ゾウは，生まれたときは大柄な男性と同じほどの体重しかないのです。

🔊 090

何十年も日本人を苦しめてきた「クジラの構文」も同じ発想で解決します。

① 「まったく魚なんかじゃない」
A whale is no more a fish than a horse is.
② 「馬と同じくらい」

① no more a fish は（形容詞と違って）名詞 fish に「逆」の発想なんてないので，「まったく魚じゃない」と考えます。② no ～ than a horse is は「馬と同じくらい」でOK です。

つまり「クジラは魚じゃない」と主張してから，誰もがわかる具体例として「馬は魚じゃないでしょ」と言っているのです。「クジラは決して魚なんかじゃない。その魚でない度合いは馬と同じくらいだ」→「クジラを魚類と言うなら，馬を魚類と言うのと同じ（それぐらいクジラと魚は（生物学上）かけ離れている）」と伝える英文なのです。

➕ⓐ no less ... than *A*「*A* と同じで，とても…だ」も同じ発想

The company's cheapest compact car is no less reliable than its most expensive luxury sedan.
同社の最も安価なコンパクトカーの信頼性は，最も高価な高級セダンにも劣らないほどだ。

※ no less reliable「信頼できないことは絶対にない」→「とても信頼できる」，no ... than its most expensive luxury sedan「最も高価な高級セダンと同じくらい」

重要ポイント no 比較級 than ～ は「矢印2つ」で考える！

91 no 比較級 than ～ と
not 比較級 than ～

> An espresso at that coffee shop in Daikanyama
> will cost you **no less than** 1,700 yen.

□ 熟語も「矢印2つ」で解決

no を使った熟語
□ no more than ～ 「～だけ」= only ～
□ no less than ～ 「～も（多くの）」= as many[much] as ～

　この熟語は，no 比較級 than ～ の 比較級 の部分に「数量を表す more
（many・much の比較級）／数量を表す less（little の比較級）」が入った形
です。熟語とはいえ，これも**「矢印2つ」**で解決します。

> I have no more than 1,700 yen.「私は 1,700 円しか持っていない」
> ① 「超少ない」　② 「1,700 円と同じ」

　① no more「まったく多くない」→「超少ない」，② no ～ than 1,700
yen「1,700 円と同じ」となります。英文全体は「超少ない額を持っている，
それは 1,700 円と同じ」→「1,700 円しか持っていない」です。

> I have no less than 1,700 yen.「私は 1,700 円も持っている」
> ① 「超多い」　② 「1,700 円と同じ」

　no less than ～ も同じ発想です。① no less「超多い」，② no ～ than
1,700 yen「1,700 円と同じ」で，直訳「超多い額を持っている，それは
1,700 円と同じ」→「1,700 円も持っている」となります。

代官山にあるあのカフェのエスプレッソは 1,700 円もします。

今回の見出しの英文は cost 人 金 「人 に 金 がかかる」の形で，人 に you, 金 に no less than 1,700 yen 「1,700 円も」がきています。「エスプレッソが 1,700 円もして高い！」と伝えているわけです。

■ not を使った熟語は直訳するだけ

not を使った熟語
□ not more than 〜 「多くても〜」= at most
□ not less than 〜 「少なくとも〜」= at least

not は単なる「除外（〜じゃない）」を表します。not more than 1,700 yen は枠部分（1,700 円より多い部分）を「not が除外する」と考えれば OK です。「1,700 円より多い部分を not で除外」→「1,700 円以下ならいくらでも OK（1,700 円は超えない）」→「多くても 1,700 円」となります（ちなみに「多くても 1,700 円」には「1,700 円ジャスト」も含まれます）。

※同様に，not less than 1,700 yen は「1,700 円より少ない部分を除外」→「1,700 円以上ならいくらでも OK（1,700 円を下回らない）」→「少なくとも 1,700 円」です。

Not more than four passengers may ride this taxi.
このタクシーに乗れるのは最大 4 名です。
※直訳「多くても 4 名の乗客がこのタクシーに乗ってよい」

CHAPTER 11

重要ポイント　**no less than 〜 は「矢印 2 つ」，
not less than 〜 は「除外」から考える！**

ここも CHECK! 11　比較の慣用表現

□ not so ～ as を使った重要表現

> □ not so much *A* as *B*「*A* というよりむしろ *B*」
> □ do not[cannot] so much as 原形「～さえしない［できない］」
> □ without so much as ～「～さえしないで」

She is not so much a singer as a dancer.
彼女は歌手というより，むしろダンサーだよね。

□ ラテン比較級の重要語　※ than ではなく to をとるもの

> 優劣：□ be superior to ～「～より優れた」／
> 　　　□ be inferior to ～「～より劣った」
> 好み：□ prefer *A* to *B*「*B* より *A* が好き」／
> 　　　□ be preferable to ～「～より好ましい」
> その他：□ prior to ～「～より前に」

His phone is superior to mine.
彼のスマホは私のより優れている。

□ 比較級を使った慣用表現

> □ 比較級 and 比較級「ますます 比較級 だ」
> □ more or less「多かれ少なかれ」／□ sooner or later「遅かれ早かれ」
> □ no longer「もはや～じゃない」　※ not ～ any longer の形でも OK
> □ 比較級 than expected「予想より 比較級 だ」
> □ know better than to ～「～しないだけの分別がある，～するほどバカではない」

□ 強調語句を使った慣用表現　「ましてや～はなおさらだ」

> □ much less ～／ still less ～／ even less ～

Luke cannot afford to buy a new smartphone, much less a car.
ルークは新しいスマホを買う余裕がない。まして車なんか買えるわけないよ。
※ "否定文, much less ～"「…じゃない。はるかにもっと少ない～だ」→「…じゃない。～はもっと［なおさら］だ」

CHAPTER 12

関係詞

このCHAPTERでは以下の内容がスラスラと言えるようになります。
（※答えは本編各見開きの右下「重要ポイント」で確認してください）

92 関係代名詞（1）基本と主格の注意点

> The man **who** I thought was an engineer was actually a graphic designer.

□ 関係代名詞は「形容詞の働き」

関係代名詞は**「形容詞節」をつくる**という点が重要です。関係代名詞自体に日本語訳は存在せず，**「前の名詞を修飾する "働き"」** があるだけです。

※関係詞は必ず「関係代名詞は接続詞と代名詞の働きを兼ねる」と説明されますが，長文では「何節をつくる？」という意識を持っていたほうが役立ちます。

関係代名詞の格変化

先行詞 ＼ 格	主格	目的格	所有格
人	who	whom ※よく省略される	whose
物（動物も含む）	which	which ※省略か that が多い	whose

※ whose 以外（who・whom・which）は「that で代用可能」

□ 関係代名詞の構造と成り立ち（主格）

2つの文をつなげる手順を通して，構造と成り立ちを確認しておきましょう。

Riku is the boy. ＋ He knows a lot about trains.

(1) 探して，変える：同じものに下線，

代名詞（He）→ 関係代名詞（who）に変換

Riku is the boy. He knows a lot about trains. ※ the boy と he は同じもの

→ who ※ he は主語なので主格の関係代名詞 who を使う

(2) 動かして，くっつける：who を文頭へ移動，先行詞の直後にくっつける

Riku is the boy. ＋ who knows a lot about trains.

※今回のように最初から先頭にあれば移動は不要

→ 「関係代名詞 who の直後には動詞がくる」と習ったかもしれませんが，今回の英文では who の後に I thought という形がきています。これはどういう理由なのか解説していきます。

◀)092

エンジニアだと思っていた男性は，実際はグラフィックデザイナーだった。

▶【完成】Riku is the boy who knows a lot about trains.
　　　「リクは電車に詳しい少年です」

□ who の後ろに SV がくる形（that 節中の s が欠ける）

　今回の英文は，元々は <u>The man was actually a graphic designer.</u> + <u>I thought {that} he was an engineer.</u> という２つの文です。**he を主格の関係代名詞 who** にして，文頭に移動し，先行詞（The man）の直後にくっつけるわけです（関係代名詞 who の後ろは **was の主語が欠けた形**になります）。

> **文構造**
> The man who <u>I thought {that} ☆ was an engineer</u> was 〜.
> 　　　　　　　S　V　　　　　　v　※☆の部分（was の主語）が不足

　中学では「後ろに動詞があれば主格／後ろに sv があれば目的格」と習ったかもしれませんが，今回「後ろに I thought（sv）があるから目的格 whom が入る」と思うとミスになります。あくまで「**主語が欠けている → 主格**」「**目的語が欠けている → 目的格**」と考えてください。主語が欠けているので主格の関係代名詞 who を使い，The man <u>who</u> I thought was an engineer was 〜「エンジニアだと思っていた男性は〜だった」となります。

　※ちなみに「I thought が挿入なのでこの部分を消して考える」と習うことが多いのですが，もし挿入なら前後にコンマを置くのが普通です（〜 , I thought, 〜 の形）。

重要ポイント　**who I thought was 〜 では，was の主語が不足！**

93 関係代名詞（2）
目的格と関係代名詞の省略

> We apologize for **any inconvenience you may have experienced** as a result of the delay.

☐ 関係代名詞の構造と成り立ち（目的格）

前項と同じように，2つの文をつなげる手順を通して確認していきます。

The curry was too spicy for me.　＋　Emily made it.

(1) 探して，変える：同じものに下線，

　　　　　　　　代名詞（it）→ 関係代名詞（which）に変換

The curry was too spicy for me. Emily made it. ※ it は The curry のこと

　　　※ it は目的語→目的格の関係代名詞 which which

(2) 動かして，くっつける：which を文頭へ移動，先行詞の直後へ

The curry was too spicy for me. + which Emily made ⌐⸻⸻⸻⌐.

　　　※目的語は文中にあるので，関係代名詞を文頭に移動する必要がある

▶ **【完成】** The curry which Emily made was too spicy for me.
　　　「エミリーが作ったカレーは，私には辛すぎました」
　　　※ which の後ろは「名詞が欠けている」状態（不完全）
　　　※実際には which の代わりに that が使われるか，省略されることが多い

☐ " 名詞 ＋ sv" を見たら「関係代名詞の省略」

「目的格の関係代名詞は省略可能」というルールを逆手にとれば，「" 名詞 ＋ sv" を見たら関係代名詞の省略」だとわかります。" 名詞（先行詞） which sv（不完全）" → " 名詞（先行詞） sv（不完全）" となるわけです。

「関係詞の省略」を見抜くには**「不完全」**もポイントになります。「S や O がボコッと欠けたところ」を見つけた瞬間に「不完全」だと判断してください。

→ 今回の英文では関係代名詞が省略されています。それはどこでしょうか？ また，動詞がポイントになるのですが，experience は自動詞，他動詞，どちらでしょうか？

◀) 093

遅延の結果，ご不便をおかけしたことをおわびいたします。

「不完全」のパターン　※（　）には関係代名詞が入るとする

(1) S が欠ける：「主格の関係代名詞」が入る
　① 単純に S が欠けるパターン　〜（　）V
　　例：〜（　）has 〜　　※ has の S が欠けている
　② that 節の中の s が欠けるパターン　〜（　）SV v
　　例：〜（　）I thought was 〜　　※ was の s が欠けている
(2) O が欠ける：「目的格の関係代名詞」が入る
　① 他動詞の O が欠けるパターン　〜（　）SV（他動詞）
　　例：〜（　）I make.　　※他動詞 make の O が欠けている
　② 前置詞の O が欠けるパターン　〜（　）〜 前置詞
　　例：〜（　）I live in.　※前置詞 in の O が欠けている

　今回の英文は We apologize for any inconvenience {that} you may have experienced as a result of the delay. ということで，目的格の関係代名詞が省略されています。any inconvenience you may have experienced が "**名詞** + sv" の形ですね。そして，後ろは**他動詞 experience の目的語が欠けた**「**不完全**」な形になっているわけです（上記の (2) ① のパターン）。

※直訳は「遅延の結果，皆様が経験したかもしれない，いかなるご不便も申し訳なく思っています」で，飛行機が遅れたときに空港でのアナウンスで使われます（入試のリスニングや英検などの資格試験でも大切です）。may have *p.p.* は「〜だったかもしれない」（⇒ p.80），as a result of 〜 は「〜の結果」です。

重要ポイント　"**名詞** + sv" は「関係代名詞の省略」を考える！

94 前置詞+関係代名詞の成り立ちと構造

> China has become a country **in which** many of the world's electronic devices are manufactured.

□ 「前置詞+関係代名詞」の考え方

「前置詞＋関係代名詞」も２つの文を１つの文にする作業で確認しましょう。

This is the city. ＋ Chopin was born in it.

(1) 探して，変える：同じものに下線，

代名詞（it）→ 関係代名詞（which）に変換

This is <u>the city</u>.　Chopin was born in it.

　　　　　　　　　　　　　　　　↓

　　　　　　　　　　　　　　which

※ it は，前置詞 in の目的語
→目的格 which

※ This も the city・it と「同じもの」だがスルーして OK ／代名詞 this は（その中にすべての情報が含まれるので）説明を加える必要がない（関係詞をつなげる必要がない）

(2) 動かして，くっつける：関係代名詞を文頭へ移動，先行詞（the city）の直後へ／ここからは２通りの発想が可能

　ⓐ which だけを先頭にもってくる（今まで通り）

　　This is <u>the city</u>. ＋ which Chopin was born in ┈┈┈.

▶【完成】 This is the city which Chopin was born in.
　　　　「ここはショパンが生まれた街だ」

　ⓑ in which をセットで前に出す

　　This is <u>the city</u>. ＋ in which Chopin was born ┈┈┈.

　　※ in it で１つのカタマリなので，in which も「カタマリごと移動」できる

▶【完成】 This is the city in which Chopin was born.
　　　　「ここはショパンが生まれた街だ」

※ⓐとⓑで意味は同じ

→ ここでの in which は「前置詞＋関係代名詞」の形です。in which ～ are manufactured が「何節をつくっているか？」，そして「後ろは完全 or 不完全？」という視点から考えてみてください。

◀) 094

中国は世界の電子機器の大部分を生産する国になった。

☐ 構造の違いに注意

「which だけ前に出す」のも「in which をセットで前に出す」のも意味と形容詞節をつくることは同じですが，英文の「構造」は決定的に違ってきます。

---

(1) 関係代名詞の後ろは「不完全」

▶ This is the city which Chopin was born in.

※代名詞 it が which に変わって前に出たので，名詞（代名詞）が欠けた「不完全」

(2) 前置詞＋関係代名詞の後ろは「完全」

▶ This is the city in which Chopin was born.

※副詞句 in it が in which に変わって，その副詞のカタマリがセットで前に出たところで，文に影響はない／副詞が移動しても文の要素は欠けないので「完全」

今回の見出しの英文（China has become a country in which many of the world's electronic devices are manufactured.）でも，in which 以降は何も名詞が欠けていない**「完全」**な形になっています（受動態は後ろに名詞を必要としないため「完全」扱い）。元々は China has become a country. ＋ Many of the world's electronic devices are manufactured in it. という 2 つの文で，it を関係代名詞 which に変え，in which をセットで前に出してつなげているわけです。

※ many は代名詞で，部分の of の後ろには「特定名詞」（the world's electronic devices）がきています（⇒ p.105）。

語句 electronic 形 電子の／ device 名 機器／ manufacture 動 製造する

重要ポイント **"関係代名詞"の後ろは「不完全」，
"前置詞＋関係代名詞"の後ろは「完全」になる！**

95 関係副詞の成り立ちと構造

> The restaurant **where** I worked when I was a
> student recently closed.

□ 関係副詞の考え方

　前項で扱った2文（This is the city. Chopin was born in it.）を使って，関係副詞の考え方を解説していきます。in it「その中で」は，there「そこで」に置き換えられるので，副詞 there を**関係副詞 where** にします。

　This is the city. Chopin was born │there│.

　　　　　　　　　　　　　　　　　※副詞 there →関係副詞 where に変える
　　　　　　　　　　　　　　│where│

　※ where を文の先頭に出して，the city の直後につければ完成

▶ 【完成】This is the city where Chopin was born.
　　　　　「ここはショパンが生まれた街だ」　※意味は p.226 の例文と同じ

　関係副詞は**「形容詞節をつくる」**働きが重要です（間違っても「関係副詞だから副詞節」なんて思わないように）。また，関係副詞の後ろは**「完全」**になります。上の英文は「副詞 there が関係副詞 where に変化しただけ」なので，副詞が前に移動しても文に影響はなく「完全」な形だと考えるわけです。ここで「関係代名詞と関係副詞の区別」を整理しておきましょう。

---

(1) │関係代名詞│＋**不完全**　　※不完全とは「S か O が欠けた」状態
▶ This is the city [│which│ Chopin was born in φ].
(2) │関係副詞│＋**完全**　　※完全とは「S も O も欠けていない」状態
▶ This is the city [│where│ Chopin was born].
(3) │前置詞＋関係代名詞│＋**完全**
▶ This is the city [│in which│ Chopin was born].
　　　　　　　　　　　　　　　　　　※ be born の後ろに名詞は不要

先行詞が「場所」（The restaurant）なので，関係副詞 where が使われていますが，ここで本当に大事なのは「後ろの形」です。後ろにある I worked は「完全 or 不完全」のどちらでしょうか？

◀) 095

私が学生時代に働いていたレストランが最近閉店しました。

今回の見出しの英文（The restaurant where I worked when I was a student recently closed.）でも**関係副詞 where** が使われ，後ろは**完全**な形になっています（work は自動詞が基本で，後ろに目的語は不要）。

※ when は単なる接続詞で，The restaurant where I worked when I was a student「私が学生だったとき働いていたレストラン」が主語です。

一方，後ろが不完全であれば，先行詞が「場所」であっても**関係代名詞**を使うのです。以下の文の先行詞は同じく The restaurant（場所）ですが，前置詞 to の後ろが欠けた「不完全」なので，関係代名詞 which が使われているわけです（⇒ p.225 の (2)②「前置詞の O が欠けるパターン」）。

The restaurant which I went to yesterday served fantastic lasagna.
私が昨日行ったレストランでは，素晴らしいラザニアが食べられました。

ちなみに，関係副詞には where（先行詞は「場所」関係），when（先行詞が「時間」関係），why（先行詞が reason），how（先行詞が way）の 4 つがあります。where, when, why の 3 つは省略してもしなくても OK ですが，how は「**the way か how を必ず省略する**」点に注意してください。

This is how Norway became such a wealthy country.
このようにしてノルウェーはこれほど裕福な国になったのです。
※ This is how 〜「これが〜する方法だ」→「このように〜」

このように形（完全 or 不完全）に注目して判別する発想はとても大切で，慶應（医）では 1 つの長文の中で関係詞の問題が 5 問も出たことがあります。

重要ポイント　**関係副詞は先行詞よりも「後ろが完全」という点に注目！**

96 制限用法 vs. 非制限用法

> Tom got lost in Shinjuku Station, **which** is the busiest train station in the world.

■ 非制限用法とは？

　今まで扱ってきた関係代名詞の普通の使い方は**「制限用法」**（もしくは「限定用法」）と呼ばれます。関係詞の役割は「名詞を修飾（説明）すること」ですが，これを別の視点から見ると「制限・限定」すると言えるわけです。

　一方，関係代名詞の直前にコンマを置く形（〜 , which [who] ...）は**「非制限用法」**と呼ばれます。前の名詞を制限するのではなく，コンマまでで情報を伝えきって，コンマの後ろでは単なる**「補足説明」**をする感覚です。

　　She has two sons who work at a bank.
　　彼女には，銀行で働いている息子が 2 人いる。

　　※制限用法（どこにでもいる息子ではなく，一部の息子に制限される）／「銀行で働いている息子が 2 人」というだけで，「銀行で働いていない息子」がいる可能性アリ

　　She has two sons, who work at a bank.
　　彼女には息子が 2 人いて，（その 2 人とも）銀行で働いている。

　　※非制限用法／「息子は全部で 2 人」で，そこに「その 2 人は銀行で働いている」と補足する

■ 固有名詞の後にくる非制限用法

　関係詞には「数あるものの中から制限する」という働きがありますが，固有名詞は**「そもそも唯一の存在」**（1 つに決まるもの）なので，わざわざ**関係詞で「制限」する必要はありません**。それゆえ固有名詞の後には，（制限用法ではなく）非制限用法だけが使われるのです。

　今回の英文では，Shinjuku Station の後に "コンマ + which" を使って補足説明しています。この **"固有名詞 , which[who] 〜"** の形は，何かを説明する際に便利で，入試の長文やリスニング，海外ニュースでも多用されます。

→ 今回の英文では関係代名詞 which の直前にコンマがあり，これは関係詞の「非制限用法」と呼ばれます。コンマなしの場合と何が違うのか，なぜコンマが使われているのかを考えてみてください。

♪ 096

トムは新宿駅で迷子になった。新宿駅は世界一混雑している電車の駅なのだ。

※先行詞が「場所」(Shinjuku Station) だからといって，関係副詞 where は使えません。is の前に主語が欠けた「不完全」な形ですね。ちなみに busy は重要多義語で，ここでは「混雑した，人の多い」という意味です。

□ 「前の文（の一部）」を受ける非制限用法

関係詞の先行詞は「名詞」のはずですが，which が非制限用法で使われるときに限り，**直前の「文」や「文の一部」を先行詞にする**ことができます。

The company's share price has risen by 12 percent this year, which surprised analysts.
その会社の株価は今年 12 パーセント上昇し，アナリストを驚かせた。

※ which の先行詞は「前の文すべて」で，「その会社の株価が今年 12 パーセント上昇したことが，アナリストたちを驚かせた」ということです。

➕α 関係代名詞から文が始まるパターン

非制限用法 which では，which 以下だけが「独立した 1 つの文」になることもあります。たとえば，SV, which means ～ が，which 以下を独立させて "SV. Which means ～"となることもあるのです。難しい用法とされていますが，以下のように共通テストでも使われました（設問でも狙われた）。

Whether these are still alive or not is unknown as no one has gone to collect them — which is a pity.
これらがいまだに生きているかどうかは，誰もそれらを取りに行っていないので不明です。それは残念なことですが。

※ "—"でいったん文が区切れて，関係代名詞 which で「前の内容」を受けている

重要ポイント　　"～，＋関係詞" は「補足説明する」感覚！

97 名詞＋前置詞＋関係代名詞

> The library has hundreds of science fiction novels, **most of which** Yuito has already read.

□ 「前に出す」パターンは3つある

「名詞＋前置詞＋関係代名詞」という形も元の文から構造を考えてみましょう。

She asked me a lot of questions. ＋ I couldn't answer most of them.

(1) 探して，変える：代名詞（them）→ 関係代名詞（which）に変換

She asked me a lot of questions. I couldn't answer most of which.

(2) 動かして，くっつける：以下ⓐ〜ⓒの3パターンで考えてみる

　ⓐ which だけを前に出して，1つ目の文にくっつける

She asked me a lot of questions which I couldn't answer most of ⬚.

　　　　　　　　　　※ which の後ろは不完全なので「of の目的語が欠けている」

　この英文は理屈では正しいのですが，ちょっと気持ち悪さがありますね。それは most of which というカタマリから，which だけを前に出したからです。

　ⓑ of which をセットで前に出す

She asked me a lot of questions of which I couldn't answer most.
　　　　　　　　　　　　　　　　　　　　S　　　　　V　　O

　　　　　　　　　　　　　　　　　　　　　　　　　　　※完全な形

　この形も一応アリなのですが，最も自然な形は次のⓒパターンです。

　ⓒ most of which を丸ごと前に出す

She asked me a lot of questions most of which I couldn't answer.

　やはり「most of them[which] を分断したくない」というのが一番自然な発想で，**most of which をそのまま前に出して，先行詞の直後にくっつける**

→ 今回の most of which は「名詞＋前置詞＋関係代名詞」という形です。「which の先行詞は何なのか？」を考えて，それを糸口に元の 2 文を予想してみてください。

◆) 097

> その図書館には何百冊もの SF 小説があるが，ユイトはそのほとんどをすでに読んでいる。

わけです。most of which が「名詞＋前置詞＋関係代名詞」のカタマリです。

※ "〜 , most of which" のようにコンマを入れることも多いのですが，必ずしもコンマがあるわけではないので構造から見抜けるようになるのが理想です。

☐ 意味をとるときは「2 文に分ける」

元々が 2 つの文だったので，意味をとるときも**「元々の 2 つの文に分けて考える」**と楽です。questions と most の間で 2 文に分けるイメージです。

> She asked me a lot of questions ／ most of which I couldn't answer.
> 彼女は私にたくさん質問した。／そのうちのほとんどに，私は答えられなかった。

今回の見出しの英文も同じく，"〜 , most of which ..." の形が使われています。元々は The library has hundreds of science fiction novels. ＋ Yuito has already read most of them. という 2 文で，them を関係代名詞 which に変え，**most of which をセットで文頭に移動**しているわけです（その結果，has read の目的語が欠けた「不完全」な形になっています）。

意味は元々の 2 つの文に分けて，The library has hundreds of science fiction novels.「その図書館には何百冊もの SF 小説がある」, most of which Yuito has already read.「そのうち（図書館にある何百冊の SF 小説のうち）のほとんどを，ユイトはすでに読んだ」と考えれば OK です。

CHAPTER 12

重要ポイント 「名詞＋前置詞＋関係代名詞」は
元々の 2 文に分けて意味をとる！

関係代名詞whatの2つの特徴

What I've realized is that hard work pays off.

■ what の2つの特徴

　関係代名詞 what は「先行詞を含む／『もの・こと』と訳す」とよく説明されますが，これだけでは長文やリスニングで瞬時に意味を把握するのは難しいでしょう。関係代名詞 what は，実際には以下の2点が大切です。

> **関係代名詞 what の特徴**
> ① マクロの視点：「名詞節」をつくる
> ② ミクロの視点：後ろには「不完全」がくる

① 名詞節をつくる

　よくある「先行詞を含む」という説明は，「名詞を含む」→「**名詞のカタマリになる**」と解釈したほうが実践的です。名詞のカタマリなので，名詞っぽく「もの・こと」となるのは，ある意味当然ですよね。

② 後ろには「不完全」がくる

　先行詞を含むとはいえ，あくまで「関係代名詞」なので，後ろは「**不完全**」な形がきます。

■ 名詞節 what の働き

　what は名詞節になるので，**名詞と同じ働き（S・O・C になる）**をします。マクロの視点（S・O・C のどれになるか？）と同時に，ミクロの視点（後ろに何が欠けているか？）もチェックしてみてください。

(1) S になる：What I really like is the friendliness of the hotel's staff.
　　　　　　　「私が本当に気に入っているのは，ホテルの職員の愛想がいいことなんです」
　※マクロ：what 節が文の主語／ミクロ：what 節中で，like の目的語が欠けている

今回の英文では what と that が使われています。どちらも「～こと」と訳しますが、どう使い分けるのでしょうか？　what と that の「後ろの形」に注目してみてください。

◀) 098

実感したのは、努力は報われるということだ。

(2) O になる：Don't believe what he says.
　　　　　　　「彼の言うことを信じてはいけません」
　※マクロ：what 節は believe の目的語／ミクロ：what 節中で says の目的語が不足

(3) C になる：That is what I wanted to say.
　　　　　　　「それが、私の言いたかったことです／そう言いたかったんだ」
　※マクロ：what 節は is の補語／ミクロ：what 節中で、say の目的語が欠けている

□ 関係代名詞 what と接続詞 that

　関係代名詞 what と接続詞 that は共に「名詞節をつくる」「『こと』と訳す」という共通点がありますが、そもそも品詞が違います。**関係代名詞 what の後ろは「不完全」**ですが、**接続詞 that の後ろは「完全」**な文がきます。

関係代名詞 what vs. 接続詞 that

	関係代名詞 what	接続詞 that
何節をつくる？	名詞節	
後ろの形は？	不完全	完全

　今回の英文では、関係代名詞 what は What I've realized「私が実感したこと」という名詞節（S）をつくっています。そして what 節中では、realized の目的語が欠けた「不完全」な形になっていますね。
　一方、is の後ろの接続詞 that は同じく名詞節をつくって C になっていますが、that 節中は「完全」です（pay off は「うまくいく、報われる」で自動詞扱いなので、後ろに目的語は不要）。

重要ポイント　**関係代名詞 what は「名詞節をつくる／後ろは不完全」！**

99 複合関係詞の「形」と「意味」

> **Whoever** moves in next door, we should try to be on good terms with them.

□ 複合関係詞の「形」：形容詞節だけはつくらない

　-ever がくっついた関係詞を「複合関係詞」といいます。関係代名詞に -ever がつくと「複合関係代名詞」，関係副詞に -ever がつけば「複合関係副詞」です。

> **複合関係詞（複合関係代名詞と複合関係副詞）**
> ● 複合関係代名詞：whoever ／ whomever ／ whichever ／ whatever
> ● 複合関係副詞　：whenever ／ wherever ／ however

　複合関係詞は「**形容詞節だけはつくらない**」，つまり「**名詞節 or 副詞節になる**」点がポイントです。長文で正確に意味を把握するためには名詞節と副詞節を判別する必要がありますが，次のように形から考えれば OK です。

(1) [Whoever moves in next door], we should try to be on good terms
with them.　※今回の見出しの英文　　S　　　V

　　何節かわからないけど カタマリ → 後ろに SV 発見！

　※全体は "Whoever 〜 , SV." の形／SV はすでにあるので，Whoever のカタマリは「余分なもの」→「副詞節」と考える

(2) [Whoever moves in next door] had better not be too loud.
　　　　　　　　　　　　　　　　　　　　　　　V

　　何節かわからないけど カタマリ → 後ろに V だけがある！

　※全体は "Whoever 〜 V." の形／Whoever のカタマリの後に（S がなく）いきなり V が出てくるので，「Whoever のカタマリが主語になる」→「名詞節」と考える

□ 複合関係詞の「意味」：譲歩

　複合関係詞の訳し方は，名詞節と副詞節で個別に説明されるのが普通なのですが，その考えに従うと，次のようにかなり面倒なことになります。

whoever は「複合関係詞」と呼ばれるものですが，今回の英文では Whoever moves in next door が「何節をつくるのか？」を考えてみてください。

◀) 099

たとえ隣に誰が引っ越してきても，私たちは良い関係になろうとすべきだ。

複合関係詞の訳し方

複合関係詞	名詞節	副詞節
whoever	たとえ誰であっても，その人	たとえ誰であっても
whomever	たとえ誰であっても，その人	たとえ誰であっても
whichever	たとえどれであっても，それ	たとえどれであっても
whatever	たとえ何であっても，それ	たとえ何であっても
whenever	(名詞節はつくらない)	たとえいつであっても
wherever	(名詞節はつくらない)	たとえどこであっても
however	(名詞節はつくらない)	たとえどれくらい～であっても たとえどんな方法で～しても

　複合関係詞は**「譲歩（たとえ～でも）」**と考えてみてください。この「譲歩」を土台に据えて，あとは「名詞としてまとめる」のか，「副詞としてまとめる」のかという違いだけです。

　左ページの (1) は「たとえ誰が隣に引っ越してきても，私たちは～すべきだ」(副詞節)，(2) は「たとえ誰が隣に引っ越してきても，その人はあまりうるさくしないほうがいい（うるさくないといいな）」(名詞節) と考えれば OK です。

　※名詞節の場合は「たとえ～でも，その人は」と名詞化するイメージです。

語句　move in 引っ越してくる／ next door 隣に／ be on good terms with ～ ～と仲が良い　※ be on 形容詞 terms with ～「～とは 形容詞 の関係だ」の形（⇒ p.93）

重要ポイント　**複合関係詞は「形容詞節だけはつくらない」！**

100 複合関係詞の注意点

However convenient it is to communicate with people online, sometimes it is better to talk face-to-face.

□ 複合関係詞の注意点① 分解

複合関係詞は「分解」することができ，以下の2パターンがあります。

(1) 副詞節の場合：3語（no matter 疑問詞）に分解可能

たとえば，whoever = no matter who, whatever = no matter what, however = no matter how となります。

He refused to come with me whatever I said.

→ He refused to come with me no matter what I said.

たとえ私が何を言っても，彼は一緒に来ることを拒んだ。

(2) 名詞節の場合：「どんな〜でも」に相当する名詞表現に分解可能

名詞節の分解に決まった法則はありませんが，whoever = anyone who 〜，whomever = anyone whom 〜 が入試頻出です。この分解ができると，次のような「前置詞＋複合関係代名詞」の形が理解しやすくなります。

My sister talks to whoever sits next to her on the bus.

→ My sister talks to anyone who sits next to her on the bus.

姉はバスで隣の席に座っている人が誰であっても話しかける。

※ to whoever sits = to anyone who sits ／「前置詞 to の後は whomever」と勘違いしがちだが，（×）whomever sits = anyone whom sits になってしまうので間違い

□ 複合関係詞の注意点② however の使い方

how には2つの用法（直後に形容詞・副詞がくっつく／単独で使われる）がありますが，however も同じように整理できます。

➡️ 文頭の However は「複合関係副詞」です。直後に形容詞 convenient がきた "However 形容詞 sv, SV." という形ですが, ここでの意味を how の使い方をヒントに考えてみましょう。

🔊 100

オンラインでのコミュニケーションがたとえどんなに便利であっても, 対面で話したほうが良い場合もある。

	疑問詞の how	複合関係副詞の however
意味	① how 形容詞・副詞 「どれくらい〜」 ② how 「どのように」	① however 形容詞・副詞 「たとえどれくらい〜であっても」 ② however「たとえどんな方法で〜しても」
他の品詞	関係副詞 ※訳語ナシ	副詞 「しかしながら」

① However 形・副 sv, SV.「たとえどれくらい〜であっても」

今回の英文はこのパターンで,「たとえどんなに〜が便利であっても」という意味です。it は仮主語, to 〜 が真主語で, it is convenient to 〜 から形容詞 convenient が前に引っ張られた形です。however は「わがまま副詞」(⇒ p.122) でしたね (厳密には複合関係副詞ですが, 引っ張り出す感覚は同じ)。

※文末の face-to-face は「対面で, 直接」という意味で, 副詞の働きです。

② However sv, SV.「たとえどんな方法で sv しても」

「手段」を表す how に, -ever で「譲歩」が加わったと考えれば OK です。

However you pay, make sure to keep the receipt as proof of purchase.
どのようなお払い方法でも, ご購入の証拠としてレシートは必ず保管しておいてください。　※①のパターンと比べると頻度はかなり少ない

ちなみに, おなじみの however (However, SV.「しかしながら SV だ」と使われるもの) は, 単なる「副詞」の用法です (⇒ p.120)。

重要ポイント　However 形・副 sv, SV. の形に注意!

CHAPTER 12

239

□ 関係詞の全体像

(1) 純粋関係詞グループ　特徴：形容詞節をつくる

関係代名詞（who・that など）／関係副詞（when など）／

前置詞＋関係代名詞（in which など）

(2) what グループ　特徴：名詞節をつくる

関係代名詞 what ／関係形容詞 what

(3) -ever グループ　特徴：形容詞節だけはつくらない（名詞節・副詞節をつくる）

複合関係代名詞（whoever など）／複合関係副詞（whenever など）

□ 関係代名詞 that が使えない場合　※関係詞 that の前には「前置詞もコンマもこない」

① "前置詞 + that" はダメ　※例外：in that 〜「〜という点において，〜だから」／
　　　　　　　　　　　　　　　　　except that 〜「〜ということを除いて」
② 「非制限用法（that の直前にコンマを置く用法）」はダメ

□ 関係詞 what を含む慣用表現

(1) what I am 型　※時制で意味が決まる

□ what I am「現在の私」　※直訳「今現在，私があるところのもの」
□ what I was・what I used to be「過去の私」
□ what one should be「人のあるべき姿」　※ one は「一般の人」
□ what she looks like「彼女の外見」　※直訳「彼女が見えるところのもの」

My parents made me what I am today.
親のおかげで，今の私があります。　※直訳「私の両親は，私を今の私にした」

(2) その他

□ what we[you/they] call・what is called「いわゆる〜」
□ what is more「さらに」／ what is better[worse]「さらに良い[悪い]こと
に」　※副詞として使う
□ what with A and B「A やら B やらで」
□ A is to B what C is to D「A と B の関係は C と D の関係と同じだ」
□ what S is all about「S の本質，S のあるべき姿」

Reading is to the mind what food is to the body.
読書と精神の関係は，食べ物と身体の関係と同じだ。

〔関正生の The Essentials 英文法 必修英文 100〕

関正生の
The Essentials
英文法
必修英文
100

別冊

旺文社

関正生の The Essentials 英文法 必修英文 100

ジ・エッセンシャルズ

別冊

CHAPTER 01

□ *01*

I watch movies on my phone before going to bed.

🔊 **001**

寝る前はスマホで映画を見るんだ。
音読 現在形 watch が「いつも繰り返す」ことを意識

□ *02*

The CEO is making an important announcement this afternoon.

🔊 **002**

今日の午後，CEO（最高経営責任者）が重要な発表をする予定だ。
音読 現在進行形 is making が this afternoon に起こる未来の行為だと意識

□ *03*

A: Whose laptop was left in the meeting room?
B: Oh, that belongs to Ms. Kobayashi.

🔊 **003**

A：会議室に置いてあったのは，誰のノートパソコン？
B：あ，それは小林さんのだよ。
音読 belongs to の日本語訳につられず「進行形にしない」ことを意識

□ *04*

The plane will be landing in about 20 minutes.

🔊 **004**

当機はあと 20 分ほどで着陸いたします。
音読 未来進行形 will be landing が「このまま順調に行けば到着することになる」と意識

□ *05*

The number of people who use Instagram has increased over the past 10 years.

🔊 **005**

インスタを利用する人（の数）は，ここ 10 年間で増加している。
音読 現在完了形 has increased が「10 年前からちょうど今まで増え続けている」ことを意識

2

06

Annie had already gotten vaccinated when her mother tested positive for COVID-19.

◀) 006

母が新型コロナで陽性になったときには，アニーはすでにワクチン接種を受けていた。

音読 過去完了形 had gotten vaccinated が「母の陽性判明」時点で完了していたことを意識

07

If Yuina gets a new job in April, she will have changed jobs three times.

◀) 007

ユイナが4月に新しい仕事に就いたら，3回転職したことになる。

音読 未来完了形 will have changed が「新しい職に就いた」時点のことだと意識

08

Daniel has been cutting down on sweets. He's already lost five kilos.

◀) 008

ダニエルは甘いものを控え続けている。すでに5キロ痩せた。

音読 現在完了進行形 has been cutting down on が「過去から今までずっと控え続けている」ことを意識

HAPTER 02

09

Professor Takada met with three colleagues while he was attending the academic conference.

◀) 009

高田教授は，学会に参加している間に3人の同僚と会った。

音読 while は「従属接続詞」で，後ろに sv がくることを意識

□ *10*

Once you start watching this anime, you won't be able to stop.

🔊 **010**

いったんこのアニメを見始めたら，止まらなくなるよ。

音読 この once は「従属接続詞」で，"Once sv, SV." の形を意識

□ *11*

After getting into a car accident, Sora stopped using his smartphone while walking.

🔊 **011**

自動車事故に遭ってから，ソラは歩きスマホをやめた。

音読 while walking が，本当は while {he is} walking だと意識

□ *12*

Risa is proud of the fact that her painting won an award.

🔊 **012**

リサは自分の絵が入賞したことを誇りに思っている。

音読 「同格」の that を使った，the fact that sv「sv という事実」を意識

□ *13*

I need to see if my smartwatch is still under warranty before sending it in for repairs.

🔊 **013**

スマートウォッチを修理に出す前に，まだ保証期間内かどうか確認しなくちゃ。

音読 see if 〜 で，if が「名詞節」をつくっていると意識

□ *14*

The price of airline tickets has been going up, but they're not so expensive that we have to put off our trip.

◀） 014

航空券の値段は上がっていますが，旅行を先延ばしにしなければならないほど高いわけではありません。

音読 so 〜 that ... の「それほど → どれほど？」という感覚を意識

□ *15*

We will contact you as soon as the room is available.

◀） 015

その部屋が空き次第，ご連絡差し上げます。

音読 "SV as soon as sv." の形と，時・条件を表す副詞節中では未来のことでも「現在形」だと意識

CHAPTER 03

□ *16*

If I had talked to her after class, I would be friends with her on Instagram now.

◀） 016

授業の後彼女に話しかけていたら，今頃はインスタでつながっていただろうになあ。

音読 ミックス仮定法の公式 "If s had *p.p.*, S would 原形" を意識

□ *17*

If Mt. Fuji were to erupt, a lot of people would be shocked.

◀） 017

もし富士山が噴火したら，多くの人が衝撃を受けるでしょう。

音読 未来を表す仮定法の公式 "If s were to 原形, S would 原形" を意識

18

Should you have any questions, don't hesitate to contact us.

◆)) 018

もし何か質問がございましたら，お気軽にお問い合わせください。

音読 should を使った仮定法の倒置 "Should s 原形, 命令文" を意識

19

I was tired and fell asleep right after I got home. Otherwise, I would have replied to your e-mail.

◆)) 019

疲れて，家に帰ったらすぐ寝ちゃったよ。そうじゃなきゃ，メールに返信してたんだけどね。

音読 otherwise が「疲れてすぐに寝なければ」を表し，ここから仮定法が始まることを意識

CHAPTER 04

20

A: What's wrong?

B: Well, my boyfriend won't reply to my messages.

◆)) 020

A：どうかしたの？

B：それが，彼氏がメッセージに返信してくれなくて。

音読 won't reply は「絶対に返信しない」という意志の強さを表していると意識

21

Earthquakes may happen, but as long as we are prepared, we will be fine.

◆)) 021

地震が起こる可能性はありますが，準備さえしておけば大丈夫です。

音読 may happen の「起こるか起こらないか，50% 半々」という感覚を意識

22

You can't be with Mio now. She's supposed to be in Canada this week.

◊》022

君が今ミオと一緒にいるはずがないよ。彼女は今週カナダにいることになっているから。

音読 can't be の「ありえない」という感じを意識

23

During the COVID-19 pandemic, I would often binge-watch Netflix shows.

◊》023

新型コロナウイルスが世界的に流行していたときは，よく Netflix の番組を一気見してたなあ。

音読 would often ～ が「過去に何度もした」を表すと意識

24

The stock market could collapse, so investors need to be cautious.

◊》024

株式市場が崩壊する可能性があるので，投資家は慎重であるべきだ。

音読 could の「起こりえる」という可能性を意識

25

The painting you bought might be a fake.

◊》025

あなたが買ったその絵は偽物かもしれませんよ。

音読 might の「もしかしたらだけど」という感覚を意識

26

Brian suggested that the meeting be held online instead of in person.

◊》026

ブライアンは，対面でなくオンラインでミーティングを開催することを提案した。

音読 suggested の後の that 節中で「いきなり出てくる be」を意識

27

There used to be a famous painting on the wall, but someone stole it.

🔊 027

以前，壁には有名な絵画が飾ってあったが，誰かに盗まれてしまった。

音読 There used to be ～「昔は～があった」という過去の状態を表す用法を意識

28

A : Can you please fill out this survey?

B : Sure! I'll fill it out right away.

🔊 028

A：このアンケートに記入してくれる？

B：いいよ！　今，回答するね。

音読 I'll ～ が「今その場で記入すると決めた」発言だと意識

29

There's no milk in the refrigerator. My mother must've forgotten to buy some.

🔊 029

冷蔵庫に牛乳がない。きっと母が買い忘れたのだろう。

音読 過去のことを予想する must have *p.p.* を意識

30

You shouldn't have taken a selfie with a stranger without their permission.

🔊 030

知らない人と勝手に自撮りすべきじゃなかったのに。

音読 「後悔，イヤミ」の should not have *p.p.* を意識

□ *31*

A : Do you have the time?

B : Let me see. It's a quarter to nine.

🔊 031

A：今，何時かわかりますか？

B：えっと，9 時 15 分前（8 時 45 分）です。

音読 the time が「共通認識できる時間」→「現時刻」を表すと意識

□ *32*

Against the advice of her friends, Saki decided to change jobs and become a virtual reality developer.

🔊 032

友達のアドバイスに反して，サキは転職し，VR 開発者になることに決めた。

音読 advice が「目に見えない」→「不可算名詞」だと意識

□ *33*

Proceed to the baggage claim area to pick up your luggage.

🔊 033

手荷物受取所までお進みいただき，お荷物をお受け取りください。

音読 baggage・luggage が「ひとまとめ」→「不可算名詞」だと意識

□ *34*

The artist's early works are mostly realistic, whereas her later works are more abstract.

🔊 034

その芸術家の初期の作品は大部分が写実的なものだが，後期の作品はより抽象的だ。

音読 works という複数形から，「作品」の意味だと意識

9

35

If you study abroad, you can not only improve your foreign language skills but also broaden your horizons.

◁》035

留学すれば，外国語の能力を向上させるだけでなく，視野を広げることもできる。

音読 「みんな」を表す you・your を意識

36

I have two pairs of glasses. One is for reading and the other is for looking at something far away.

◁》036

メガネを 2 つ持っています。1 つは読書用，もう 1 つは遠くを見る用です。

音読 「共通認識できるラスト 1 つ」には the other を使うと意識

37

Many students attend a cram school to prepare for entrance exams, but others study by watching videos online.

◁》037

多くの学生は入試の準備のために塾に通っているが，オンラインで動画を見て勉強する学生もいる。

音読 others は「共通認識できない他の複数」を表すと意識

38

The population of Japan is declining steadily while that of the Philippines is increasing.

◁》038

日本の人口は着実に減少している一方で，フィリピンの人口は増加している。

音読 that は the population を指し，かつ「後ろ（of ～）から修飾される」と意識

□ *39*

There are two ski resorts near here, but neither has opened for the season yet.

🔊 039

この近くにスキー場が2つあるのですが，どちらも今シーズンはまだ開いていません。

音読 「2つ（どちらも〜ない）」なので neither を使っていると意識

□ *40*

Almost all of the items on the menu contain some kind of animal products, so our boss won't eat them.

🔊 040

メニューのほぼすべてに何らかの動物性食品が含まれているから，うちの上司は食べないよ。

音読 Almost all of the 〜 の形を意識

HAPTER 06

□ *41*

A : Is next Saturday convenient for you?

B : Sorry but it doesn't work for me. My cousins are coming over then.

🔊 041

A：今度の土曜日の都合はどう？
B：残念だけど，だめだな。その日は，いとこたちが訪ねてくるんだ。

音読 "日時 is convenient for 人" 「日時は人にとって都合がいい」の形を意識

□ *42*

The coworking space is located in a stylish three-story building in the heart of the city.

◀))042

そのコワーキングスペースは，都心のスタイリッシュな3階建てのビルにあります。

音読 three-story が形容詞の働きで，複数の s は不要だと意識

□ *43*

The children were taught to be respectful of the elderly.

◀))043

子どもたちはお年寄りを敬うよう教えられた。

音読 respectful「敬意を示す」と respectable「立派な，まともな」の違いを意識

□ *44*

Even though it was winter, there were quite a few people at the beach.

◀))044

冬にもかかわらず，海辺にはたくさんの人がいた。

音読 quite a few ～「すごくある～」→「たくさんの～」を意識

□ *45*

Every room in the hotel has a spectacular view of the city.

◀))045

そのホテルでは，すべての部屋から，街の壮大な景色を眺めることができる。

音読 every が「単数扱い」（直後に単数名詞 room，動詞は has）だと意識

46

Whether or not you need a visa to go abroad depends on the purpose of your visit.

◀) 046

海外に行くのにビザが必要かどうかは，渡航の目的によって異なる。
音読 abroad は「副詞」なので，直前に前置詞は不要だと意識

47

Going by air is faster than going by train, but it is not as convenient. Therefore, I suggest we go by train.

◀) 047

飛行機で行くのは電車で行くより速いですが，あまり便利ではありません。そのため，電車で行くのがよいと思います。
音読 "理由・根拠. Therefore 結果・主張" という関係を意識

48

It was so interesting a story that I shared it with all of my friends.

◀) 048

それはあまりにおもしろい話だったので，友達全員にシェアした。
音読 "so 形容詞 a 名詞" という語順を意識

49

Nicholas was almost late for his first day of work, but he managed to make it on time.

◀) 049

ニコラスは初出勤の日にもう少しで遅刻するところだったが，なんとか時間通りに着いた。
音読 almost の「ギリギリだけどしなかった」という感覚を意識

50

Not all guests can ride the shuttle bus, so it is recommended that you reserve a seat in advance.

🔊 050

お客様全員がシャトルバスにご乗車できるわけではありませんので，事前のご予約をお勧めいたします。
音読 not all ～ 「すべてが～というわけではない」という部分否定を意識

51

Takumi is the last person I was expecting to run into in Los Angeles.

🔊 051

まさかロサンゼルスでタクミに偶然会うなんて。
音読 the last 名詞 関係詞 「～するラストの 名詞 」→「最も～しそうにない 名詞 」を意識

52

A ：Do you know when the movie starts?
B ：I think it starts at five.

🔊 052

A：その映画がいつ始まるのか知ってる？
B：5時からだと思うよ。
音読 丁寧に聞く Do you know when ～? で，when 以下の語順を意識

CHAPTER 07

53

I laid the groceries on the kitchen counter and then lay down on the sofa to rest.

🔊 053

私は台所の調理台に食料品を並べて，ソファに寝転がって休んだ。
音読 laid は他動詞 lay 「置く」の過去形，lay は自動詞 lie 「横になる」の過去形だと意識

54

A number of his recent works closely resemble the style of the impressionist painter, Monet.

◀) 054

彼の最近の作品の多くは，印象派の画家モネの作風に酷似している。

音読 「～に似ている」という日本語につられず，他動詞 resemble の直後に名詞がくることを意識

55

What makes you want to be a computer programmer?

◀) 055

なぜプログラマーになろうと思うのですか？

音読 「なぜあなたは～するの？」という意味になる What makes you 原形 ? の形を意識

56

I often find myself wasting time on Instagram, but I don't think I'm addicted to it.

◀) 056

気がつくとインスタで時間を無駄にしちゃうことがよくあるけど，中毒ってわけじゃないと思うよ。

音読 知覚動詞の find O -ing「O が～するとわかる・気づく」の形を意識

57

Jessica kept her friends waiting for 30 minutes while she got ready to go.

◀) 057

ジェシカは外出の準備をする間，友達を 30 分待たせてしまった。

音読 使役もどきの keep 人 waiting「人 を待たせっぱなしにする」の形を意識

□ *58*

Online courses enable adults to learn new skills, even if they aren't full-time students.

◀)) 058

オンライン講座のおかげで，正規の学生でなくても大人が新しいスキル を学ぶことができる。

音読 S enable 人 to ～「S のおかげで 人 は～できる」の形を意識

□ *59*

Talking with friends regularly helps elderly people reduce their risk of dementia.

◀)) 059

友人と定期的に話すことは，高齢者が認知症になるリスクを軽減するの に役立つ。

音読 help は to を省略した "help 人 原形" の形で使えると意識

□ *60*

Many advocates for plant-based diets regard them as healthier than one that includes meat.

◀)) 060

植物由来の食事を支持している人の多くは，肉を含む食事よりも植物由 来の食事のほうが健康的だと考えている。

音読 regard *A* as *B*「A を B とみなす」の形を意識

CHAPTER 08

□ *61*

It is a good idea to confirm the reliability of news sources before sharing them on social media.

◀)) 061

ニュースを SNS でシェアする前に，その情報源の信頼性を確認したほ うがいいでしょう。

音読 仮主語・真主語を使った It is ～ to ...「…することは～だ」の形 を意識

□ *62*

I'm trying to think of something interesting to write about on social media.

🔊 **062**

SNS に書けるおもしろいネタを考えようとしているところだよ。

音読 something interesting to write about の「語順」と「意味（話題・ネタを表している）」を意識

□ *63*

My ability to read English makes it possible for me to obtain a lot of information from websites.

🔊 **063**

私は英語が読めるおかげで，ウェブサイトから多くの情報を得ることができる。

音読 My ability to ～「私の～する能力／私が～できること」の形を意識

□ *64*

They arrived at the airport only to find that their flight had been canceled.

🔊 **064**

彼らは空港に着いたが，結局フライトが欠航になっていたとわかった。

音読 SV only to ～「SV だが，結局～しただけだ」の形を意識

□ *65*

If you're worried about studying in the UK, you should talk to Sue. She's from there, and she's very easy to talk to.

🔊 **065**

イギリス留学に不安があるなら，スーに話してみるといいよ。彼女はイギリス出身で，とても話しやすいから。

音読 she's very easy to talk to は "S is 難易形容詞 to ～（不完全）" の形だと意識

66

There seems to have been a misunderstanding between us. Let me try to explain.

私たちの間には，何か誤解があったようです。説明させてください。

音読 完了不定詞 to have been が「現在形より 1 つ前」＝「過去」を表すと意識

67

We seek to promote diversity and inclusion in the workplace through ongoing training and education.

弊社は継続的な研修や教育を通じて，職場での多様性と包括性の促進を目指しています。

音読 seek to 〜「〜しようとする」で，seek は前向き未来志向の to と相性が良いと意識

68

The old wooden bridge proved to be strong enough to support his weight after all.

その古い木造の橋は，結局，彼の体重を支える十分な強度があるとわかった。

音読 prove to 〜「〜だと判明する」で，単発イメージから to をとると意識

69

Princess Jasmine was to marry him, but she didn't want to.

ジャスミン王女は彼と結婚することになっていたが，彼女はそれを嫌がっていた。

音読 be to 構文「これから〜することになっている」を意識

CHAPTER 09

□ **70**

My boss doesn't like the idea of employees working from home.

◀) 070

私の上司は，従業員が在宅勤務をするという考えを好ましく思っていない。

音読 -ing の前にある名詞が「動名詞の意味上の主語」だと意識

□ **71**

I'm looking forward to discussing this matter with you more on Friday.

◀) 071

この件に関して，金曜日にもっと話し合えることを楽しみにしています。

音読 look forward to -ing は「（頭の中で）反復」系の動詞なので -ing と相性が良いと意識

□ **72**

Members of parliament voted to postpone raising the consumption tax to 12 percent.

◀) 072

国会議員は，消費税の 12 パーセントへの増税を延期することを決議した。

音読 postpone は「（現実）逃避」系の動詞なので -ing と相性が良いと意識

□ **73**

Don't forget to mute your microphone when you're not speaking during the online meeting.

◀) 073

オンライン会議中，発言しないときはマイクをミュートにするのを忘れないでください。

音読 forget to ～ は「（これから）～するのを忘れる」だと意識

□ 74

The file attached to this e-mail is a list of recommended hotels for guests coming from abroad.

🔊 074

このメールに添付されているファイルは，海外からお越しのお客様にお勧めのホテルのリストです。

音読 分詞（attached・recommended・coming）の「能動 or 受動」を意識

□ 75

A ：Why does Yamato look so upset?

B ：He made an embarrassing mistake at school.

🔊 075

A：なんでヤマトはそんなに動揺してるの？
B：彼は学校で恥ずかしい失敗をしたんだよ。

音読 感情動詞の分詞（upset・embarrassing）の「能動 or 受動」を意識

□ 76

Annoyed by endless meetings, Arthur decided to stop attending them.

🔊 076

延々と続く会議にうんざりして，アーサーは会議に出席するのをやめた。

音読 分詞構文 Annoyed by ～ が「副詞のカタマリ」だと意識

□ 77

She scrolled through her social media feed, liking all of her friends' posts.

🔊 077

彼女は SNS のフィードをスクロールし，友達の投稿すべてに「いいね」を押した。

音読 分詞構文が後ろにきた "SV, -ing." 「SV だ。そして…だ」の形と意味を意識

78

Having purchased the extended warranty for his smartphone, Justin is not worried about accidental damage.

🔊 078

スマートフォンの延長保証を購入していたので，ジャスティンは予期せぬ破損を心配していない。

音読 分詞構文の完了形 Having purchased ～ が「主節よりも 1 つ前」の時制だと意識

CHAPTER 10

79

A : Do you have any available rooms?
B : I'm afraid we are fully booked tonight.

🔊 079

A：空いている部屋はありますか？
B：申し訳ございませんが，今夜，お部屋は満室となっています。

音読 受動態 be booked では「S を言う必要がない」ので，by ～ がないことを意識

80

He was laughed at by all his classmates because he was wearing his shirt inside out.

🔊 080

彼はシャツを裏返しに着ていたため，クラスメイト全員に笑われた。

音読 「～に笑われる」 は be laughed at by ～ だと意識

81

Customers at the popular ramen shop were made to wait for over an hour to get in.

🔊 081

その人気ラーメン店では，客は店に入るのに 1 時間以上待たなければならなかった。

音読 were made to wait は make 人 原形 の受動態だと意識

□ 82

It is said that the earth's population has increased by one billion people in just the last ten years.

🔊 082

地球上の人口は，たったここ10年で10億人増えたと言われている。

音読 It is said that ～「～と言われている」の形を意識

CHAPTER 11

□ 83

The population of Italy is not as large as it used to be.

🔊 083

イタリアの人口は昔ほど多くない（昔より少ない）。

音読 not as large as it used to be は「昔ほど多くない（昔より少ない）」だと意識

□ 84

Tokyo Skytree is almost twice as tall as Tokyo Tower.

🔊 084

東京スカイツリーは東京タワーの2倍近く高い。

音読 almost twice as ～ as ... の形を意識

□ 85

Even though the new virus is highly contagious, scientists say it is less dangerous than other viruses.

🔊 085

その新しいウイルスはかなり感染力が高いけれども，科学者たちが言うには，他のウイルスよりも危険ではないとのことだ。

音読 less dangerous than ～ は「～より危険ではない」だと意識

□ *86*

Of all the smartphones the company has produced over the years, the Stellar 15 was the most popular.

◀) 086

長年にわたってその会社が製造したすべてのスマートフォンの中で，Stellar 15 が最も人気だった。

音読 文頭の Of ～ は「最上級の範囲」を表すと意識

□ *87*

This AI chatbot is more useful than any other app I have ever used.

◀) 087

この AI チャットボットは，私がこれまで使ってきたどのアプリよりも役立つ。

音読 "比較級 than any other 単数形" の形を意識

□ *88*

Going to work is much easier now that I don't have to change trains.

◀) 088

今は電車を乗り換えなくていいから，通勤するのがとても楽になったよ。

音読 much は比較級の強調だと意識

□ *89*

The more careful you are, the less likely you are to make a mistake.

◀) 089

注意深ければ注意深いほど，間違いを犯さなくなる。

音読 The 比較級① , the 比較級② の形で，the more careful と the less likely を「まとめて前に出した形」だと意識

90

Elephants are no heavier than a large man when they are born.

🔊 090

ゾウは，生まれたときは大柄な男性と同じほどの体重しかないのです。

音読 no heavier than ～ は「まったく重くない。～と同じくらい」という感覚を意識

91

An espresso at that coffee shop in Daikanyama will cost you no less than 1,700 yen.

🔊 091

代官山にあるあのカフェのエスプレッソは 1,700 円もします。

音読 no less than 1,700 yen は「超高い。それは 1,700 円と同じ」という感覚を意識

CHAPTER 12

92

The man who I thought was an engineer was actually a graphic designer.

🔊 092

エンジニアだと思っていた男性は，実際はグラフィックデザイナーだった。

音読 who I thought was ～ では，「was の主語が欠けている」→「主格の関係代名詞 who」と意識

93

We apologize for any inconvenience you may have experienced as a result of the delay.

🔊 093

遅延の結果，ご不便をおかけしたことをおわびいたします。

音読 "名詞＋sv" の形で，「関係代名詞の省略」を意識

94

China has become a country in which many of the world's electronic devices are manufactured.

 ◀)) 094

中国は世界の電子機器の大部分を生産する国になった。

音読 前置詞＋関係代名詞（in which）の後ろは「完全」だと意識

95

The restaurant where I worked when I was a student recently closed.

 ◀)) 095

私が学生時代に働いていたレストランが最近閉店しました。

音読 関係副詞 where の後ろは「完全」だと意識

96

Tom got lost in Shinjuku Station, which is the busiest train station in the world.

 ◀)) 096

トムは新宿駅で迷子になった。新宿駅は世界一混雑している電車の駅なのだ。

音読 "固有名詞, which 〜 "で，新宿駅の「補足説明」だと意識

97

The library has hundreds of science fiction novels, most of which Yuito has already read.

 ◀)) 097

その図書館には何百冊もの SF 小説があるが，ユイトはそのほとんどをすでに読んでいる。

音読 名詞＋前置詞＋関係代名詞（most of which）の形を意識

98

What I've realized is that hard work pays off.

 ◀)) 098

実感したのは，努力は報われるということだ。

音読 関係代名詞 what の後ろは「不完全」，接続詞 that の後ろは「完全」と意識

□ 99

Whoever moves in next door, we should try to be on good terms with them.

◀) 099

たとえ隣に誰が引っ越してきても，私たちは良い関係になろうとすべきだ。

音読 複合関係詞 whoever ～ が「副詞節」をつくっていると意識

□ 100

However convenient it is to communicate with people online, sometimes it is better to talk face-to-face.

◀) 100

オンラインでのコミュニケーションがたとえどんなに便利であっても，対面で話したほうが良い場合もある。

音読 However 形・副, SV.「たとえどれくらい～であっても SV だ」の形を意識

重要ポイント まとめ

CHAPTER 01

01 現在形は「現在・過去・未来形」と考える！

02 スケジュール帳の予定は be + ing で！

03 5秒ごとに中断・再開できない動詞は進行形にできない！

04 過去進行形は「アリバイ」，未来進行形は「このまま順調にいけば〜するはず」！

05 現在完了形は「過去〜現在までの"矢印"」！

06 had *p.p.* は現在完了形のカット＆ペースト！

07 will have *p.p.* は現在完了形のカット＆ペースト！

08 have been -ing は「グイグイ続いている」雰囲気！

CHAPTER 02

09 while は「接続詞」，during は「前置詞」！

10 once は副詞の他に「接続詞」もある！

11 while walking では "s + be" の省略を見抜く！

12 the fact that sv は「sv という事実」！

13 see if 〜 は「〜かどうか確認する」（名詞節の if）！

14 so 〜 that ... は「それほど→どれほど？」の発想！

15 時・条件を表す副詞節の中では未来のことでも「現在形」を使う！

CHAPTER 03

16 仮定法の目印は「助動詞の過去形」！

17 「これからの仮定」には should か were to を使う！

34 work は「仕事」の意味では「目に見えない→不可算名詞」，「作品」の意味では「切ったら NG →可算名詞」！

35 「一般の人，人は誰でも」を表すときは you を使おう！

36 「ラスト1つ」は the other，「おかわり」は another！

37 Some people 〜, while others ... の形を使いこなそう！

38 that of 〜, those of 〜 という「後置修飾」に慣れておこう！

39 「2つ」には both, either, neither を，「3つ以上」には all, any, none を使う！

40 almostは副詞／イコールのof／特定名詞という視点から整理する！

CHAPTER 06

41 日時 is convenient for 人「日時 は 人 にとって都合がいい」の形でおさえよう！

42 a three-story building「3階建ての建物」では，three-story が形容詞の働き（複数の s はつかない）！

43 "動詞 + -able・-ible" は「可能」と「受動」！

44 quite a few 〜 は「すごくある」→「たくさんの」！

45 3つの "e"（each・every・either）は単数扱い！

46 「海外へ行く」は(×)go to abroad ではなく(〇)go abroad！

47 接続副詞はあくまで「副詞」の働き！

48 わがまま副詞は so 形容詞 a 名詞，such 型は such a 形容詞 名詞！

49 almost は「ちょっと足りない，あともうちょっと」という感覚！

50 "not 〜 any = no" "not 〜 either = neither" は全体否定, "not + 全部" は部分否定!

51 the last 名詞 to 原形 は「〜するラストの名詞」!

52 間接疑問文は「普通の語順」,「丁寧に聞く役割」!

CHAPTER 07

53 「何を?」と聞き返すのが他動詞,「あっそう」で終わるのが自動詞!

54 resemble は「他動詞」かつ,「進行形にしない」!

55 What makes you want to 〜? は「なぜ〜したいと思うの?」

56 使役動詞は make, have, let, 知覚動詞は see, hear, feel, find をチェック!

57 keep 人 waiting は「人を待たせっぱなしにする」!

58 S enable 人 to 〜 は「Sのおかげで人は〜できる」と考える!

59 to が省略された "help 人 原形" の形に注意!

60 "V A as B" の形は「A を B とみなす」と考える!

CHAPTER 08

61 名詞的用法は It is 〜 to …「…することは〜だ」の形でよく使う!

62 something to write の後は with / on / about を使い分ける!

63 ability to 〜「〜する能力」と ability of 〜 / one's ability 「〜が持つ能力」を区別する!

64 SV only to 〜は「SV だが, 結局〜しただけだ」!

65 "S is 難易形容詞 to 〜 (不完全)" の形をチェック!

66 There seems to have been 〜 は「〜があったようだ」!

67 to をとる動詞には「前向き未来志向」が多い!

Obunsha